Izabel Augusta
a família como caminho

Solange Maria Rosset

Izabel Augusta
a família como caminho

3ª edição

Artesã

Comportamento seguro
3a edição - 1ª reimpressão - novembro 2023

REVISÃO
Eliane Mara Alves Chaves

CAPA E FOTOGRAFIA
Sílvio Gabriel Spannenberg
Janaína Scotti Pinto

PROJETO GRÁFICO E DIAGRAMAÇÃO
Sílvio Gabriel Spannenberg
Janaína Scotti Pinto

R829 Rosset, Solange.
Izabel Augusta : a família como caminho / Solange Rosset.
3. ed. – Belo Horizonte : Ed. Artesã, 2014.
190 p. ; 21 cm.

ISBN: 978-85-88009-40-0

1. Terapia de família. 2. Terapia relacional sistêmica. I. Título.

CDU 159.9.019

Bibiotecária Responsável: Aline M. Sima CRB-6/2645

IMPRESSO NO BRASIL
Printed in Brazil

(31)2511-2040 (31)99403-2227
www.artesaeditora.com.br
Rua Rio Pomba 455, Carlos Prates – Cep: 30720-290 | Belo Horizonte – MG
/artesaeditora

Aos alunos, com quem, ensinando,
aprendi muito, minha gratidão,
por terem me ajudado a ter
coragem e humildade para
"mostrar a minha cara".

Sumário

Apresentação

Minha intenção inicial era estruturar um texto básico para os alunos dos cursos de Formação em Terapia Relacional Sistêmica. Aos poucos, ela foi mudando, e resolvi organizar um livro direcionado aos profissionais da Psicoterapia, mas também de leitura viável para outras pessoas.

Para relatar o caso, escolhi o atendimento desta família por facilitar a inserção dos aspectos teóricos e técnicos.

Optei por manter o relato das sessões e acrescentar os comentários teóricos, técnicos e clínicos. Dessa forma, fica mais claro o que aconteceu, as minhas concepções teóricas/técnicas e os aspectos pessoais relacionados com minha postura, minhas crenças e meus propósitos como terapeuta.

Nos capítulos iniciais, senti a necessidade de ampliar mais os comentários, visto que, nos primeiros contatos, cada movimento é de vital importância para a definição do caminho a seguir, inclusive se haverá caminho em conjunto. Nos capítulos seguintes, quando o caso já está delineado e o processo está em curso, os comentários foram se tornando menos necessários ou menores.

Após o relato do caso, acrescentei o capítulo **Como tudo surgiu**, o qual tem por objetivo salientar, mais uma vez, a importância do processo da pessoa do terapeuta na ideologia do seu trabalho e na sua possibilidade, ou não, de escolher estratégias e caminhos profissionais.

Esse relato contém o que é mais pessoal e específico na minha forma de ser e exercer a Psicoterapia. Desejo que todos – alunos, psicoterapeutas, clientes, pessoas – possam fazer bom uso desse material.

Curitiba, fevereiro de 2001.

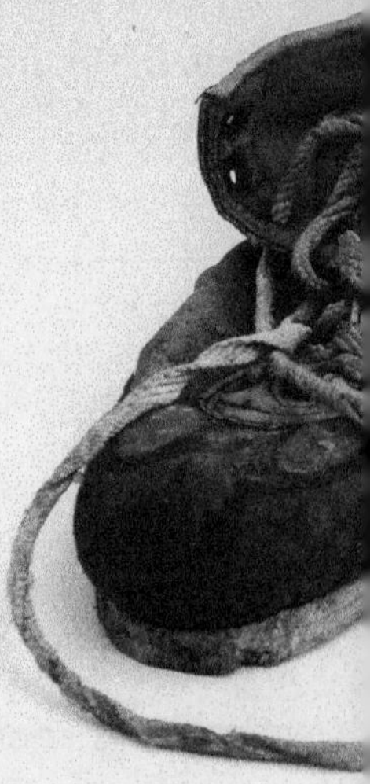

1 Os primeiros contatos

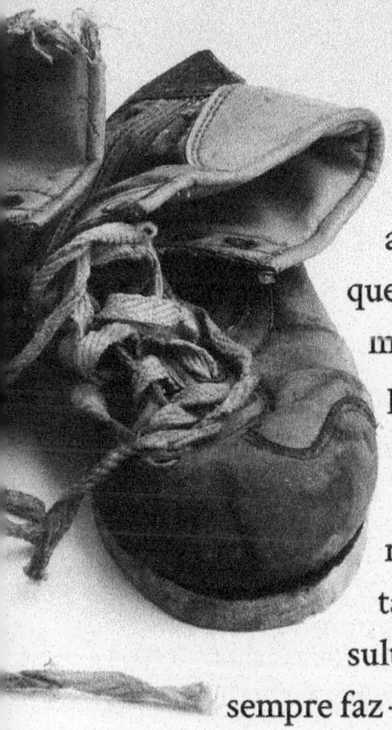

COMO DE PRAXE, minha secretária anotou o telefonema de uma pessoa, que se identificou como Débora e queria marcar uma consulta, indicada por um psiquiatra, cujo nome não revelou. A secretária esqueceu-se de perguntar se a consulta era para ela mesma e qual o nome do psiquiatra. Como ela é orientada para perguntar **para quem** é a consulta e o nome de **quem indicou** – como sempre faz – fiz o telefonema inicial com algumas hipóteses em mente.

Ao iniciar a conversa com Débora, confirmei que havia certa confusão entre quem queria realmente a sessão e se deveria ser uma sessão individual ou familiar, pois ela queria marcar consulta para sua irmã Izabel Augusta, de 22 anos. Esclareci para ela minha forma de trabalhar e expliquei que a própria Izabel Augusta deveria me ligar, tendo em vista que era uma pessoa adulta e que isso seria um modo de avaliar sua pertinência para a terapia.

Dois dias depois, recebi um telefonema, o qual eu mesma atendi, o que não era comum. Era Izabel Augusta e, já nas primeiras palavras, pareceu-me alcoolizada, apesar de ser somente 8h da manhã.

Perguntei se ela estava bem, ao que ela respondeu que sim, apesar de não ter dormido e ter passado uma hora ouvindo críticas e xingamentos dos irmãos.

Pareceu-me uma pessoa que percebia bem seus sentimentos e situações, petulante nas colocações, sempre na defensiva e com a resposta na ponta da língua.

Ao perguntar-lhe sobre o que estava acontecendo, ela disse que usava drogas mais ou menos pesadas, que tinha comportamentos não aceitos pela família e que todos a pressionavam para que procurasse um tratamento. Também me contou que já tinha ido a mais ou menos 10 psicólogas e passado por dois internamentos.

Ao levantar seu nível de autonomia, para definir se seria sessão individual ou familiar, ela disse que tinha como pagar a sessão e fazia questão que fosse uma individual. Entre outras razões, porque queria romper definitivamente com a família. Relatou que seu pai morrera há 12 anos e sua mãe não queria mais se envolver com suas questões.

Marcamos a sessão para a semana seguinte. Deixei claro que teria de me avisar se, porventura, não pudesse vir.

Minha forma de trabalhar atualmente começa a se delinear já no primeiro contato do cliente com meu consultório. A secretária anota o nome de quem ligou, o nome de quem encaminhou, pergunta para quem é a consulta e qual o melhor horário para que eu retorne a ligação. Assim, tenho a intenção de passar para o cliente uma ideia clara de como atuo e desenvolver, desde o início, um nível de pertinência que possibilite um trabalho focado na mudança dos padrões de comportamento do sistema que está procurando atendimento.[1]

Por ser o telefone o primeiro contato entre o terapeuta e a família, é fundamental que o profissional já comece a explicitar qual é a sua abordagem e a ideologia subjacente ao problema que lhe está sendo apresentado. O fato de não usar o telefone somente para a marcação da primeira entrevista, de forma passiva e automática, faz o interlocutor entender que existem princípios diferentes naquela terapia.

Para que as definições ocorram, é de grande importância que a secretária que recebe o pedido seja bem orientada. Esse treinamento consiste não só nas regras básicas de atendimento num consultório de Psicologia; acima de tudo, é necessário que ela seja treinada nas propostas sistêmicas básicas, além de compreender e aceitar a forma específica do trabalho. Isso é indispensável para que ela possa ter argumentação convincente para os questionamentos dos clientes, tais como: Por que não pode marcar o horário diretamente? Por que não pode informar o preço da sessão?

Essas argumentações vão mostrando para o cliente que, antes de qualquer definição, vou conversar com ele pelo

1 GROISMAN, M. **Família, trama e terapia.** São Paulo: Objetiva, 1991. p. 23.

telefone; só depois disso, alguma decisão será tomada ou alguma sessão será marcada.

Também deve ficar claro que a definição de preço e formas de pagamento já faz parte dos encaminhamentos terapêuticos e acontecerá na primeira sessão. Se a secretária for bem treinada, poderei confiar nos dados que me passa, e eles ajudarão a começar a definir hipóteses sobre a situação. Preciso contar com dados concretos, com a percepção que a secretária teve e também com os lapsos e esquecimentos que aconteceram. No atendimento que relato, o fato de a secretária ter se esquecido de perguntar **para quem** era a sessão dá uma mínima indicação para levantar hipóteses de que há algo de confuso no pedido.

Outro dado que ajuda a levantar hipóteses é **quem** fez o encaminhamento. A pertinência do cliente para a terapia depende em muito do tipo de encaminhamento realizado e do trabalho prévio que o encaminhador realizou. Nesse caso, o fato de não ter sido encaminhada por um profissional da mesma área, mas por um psiquiatra, cujo nome não foi revelado, foi sinal que me levou ao primeiro telefonema com hipóteses de um quadro psiquiátrico, de envolvimento de família, de dificuldades do sistema em lidar diretamente com o que estava ocorrendo.

O primeiro telefonema tem como função checar as hipóteses, colher novas informações e definir o que deverá ser realizado (se haverá uma primeira sessão, quem deve comparecer, quando vai ocorrer e qual o seu objetivo). Ao mesmo tempo, tenho a preocupação de estabelecer um vínculo com quem telefona, de forma a facilitar a coerência das informações e o trabalho futuro. Por isso, estabeleço parâmetros sobre a forma a ser adotada. Isso significa que vou redefinindo o que for necessário, para que o cliente compreenda e confie nas minhas propostas, assim como para que ele já comece a desenvolver comportamentos importantes para o trabalho, ou seja, responsabilidade pelo processo e pertinência para a mudança.

O desenvolvimento da responsabilidade é fundamental, uma vez que é o primeiro passo para que o cliente amplie a consciência do seu funcionamento. A pertinência – compreendida como disponibilidade e prontidão para a mudança – vai definir o que, como e com quem vou desenvolver o trabalho.

No telefonema que fiz para Débora, ao perceber que a pessoa que havia feito o telefonema não era a interessada na terapia, cortei o encadeamento da queixa e das explicações, para poder redefinir o encaminhamento nos meus termos e para não receber informações que me levariam ao contato com a cliente com pré-conceitos sobre seu funcionamento e sua visão da situação. Esse corte normalmente é difícil de fazer, pois fere, de alguma forma, as regras da boa educação e o senso comum de que um terapeuta deve ser cordato e receptivo. No entanto, é fundamental para o trabalho que se seguirá.[2]

O primeiro telefonema com Izabel Augusta seguiu as normas básicas para colher informações e pontos de vista

2 WHITAKER, K; BUMBERRY, W. **Dançando com a família**. São Paulo: Artes Médicas, 1990. p. 42.

do cliente, mapeando a sua estrutura de funcionamento, já definindo a forma de trabalho e as regras básicas – responsabilidade, possibilidades de escolha –, bem como o padrão de interação do sistema terapêutico – relação direta e explícita com a terapeuta.[3] Trabalhando assim, no primeiro telefonema, já se esboça o "cenário" da futura relação terapêutica.

Como é raro eu mesma atender ao telefone, "anotei" o fato de estar tão "disponível" para essa cliente. Essa sensação ajuda-me a estar mais consciente e cuidadosa com o que falo ou redefino no primeiro contato. Preciso estar em contato com a pessoa, mas a disponibilidade não pode me levar a fazer movimentos que são de responsabilidade do cliente, nem a facilitar um compromisso, sendo conivente com a dificuldade relacional do caso.

A compreensão de que o trabalho terapêutico inicia-se no primeiro contato, na primeira fala, é que me leva a raramente atender ao telefone. O padrão de relação do sistema terapêutico começa a se desenhar na forma do primeiro intercâmbio. É tarefa e responsabilidade do terapeuta estar atento ao padrão que está sendo delineado; se ele é terapêutico ou repetitivo do padrão de interação disfuncional.

Se eu atender ao telefonema impulsivamente, ou sem planejamento, não saberei qual a atitude mais funcional, mais terapêutica, mais indicada para aquela conversa.

Ao dar o primeiro telefonema, já com as informações sobre o pedido, sobre quem encaminhou e sobre percepções

3 ANDOLFI, M.; ANGELO, C. **Tempo e mito em psicoterapia familiar**. São Paulo: Artes Médicas, 1989. p. 25.

da secretária, estou alinhavando hipóteses. Assim, o primeiro contato telefônico pode ser mais rápido, mais objetivo, mais direcionado ao funcionamento do cliente em questão e, portanto, mais eficaz. As hipóteses serão confirmadas, realinhadas ou descartadas, mas meu olhar certamente será mais eficiente.

As perguntas do primeiro contato servem para avaliar o que está acontecendo e, principalmente, como, quando e com quem está acontecendo. O meu foco, durante todo o tempo, é avaliar a pertinência do pedido e do cliente.[4]

Um dos cuidados que sempre tenho é o de esclarecer quais são as regras a serem seguidas. Dependendo do caso, essas regras existem ou não. No entanto, quando existem, explicito quais são e o que acontecerá se não forem cumpridas. Por exemplo: se defino que é pertinente que devem estar todos da família na primeira sessão, faço a exigência claramente no telefonema, citando todos os nomes dos participantes e salientando que a sessão deve ser desmarcada se alguém não puder comparecer.

No caso de Izabel Augusta, explicitei que, se ela não viesse, deveria telefonar assumindo sua desistência da terapia.

4 KESSELMAN, H. **Psicoterapia breve.** Madrid: Fundamentos, 1977. p. 33.

A primeira sessão 2

Izabel Augusta apareceu para a primeira sessão 50 minutos antes da hora marcada. Por mais uma coincidência, eu estava disponível e, ao vê-la, decidi iniciar logo o atendimento.

Ao observá-la, não pude deixar de notar as profundas olheiras, as roupas mal-arranjadas e o cabelo despenteado e sujo. Usava muitos anéis, em quase todos os dedos, mas a aparência deixou-se confusa em definir se eram joias ou bijuterias de pouco valor.

Comecei a sessão, perguntando: "Que bons ventos a trazem aqui?"

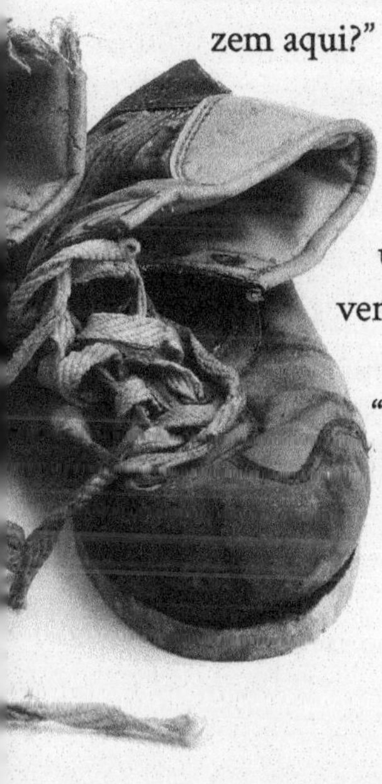

Ela riu e disse que já lhe tinham prevenido que eu não era uma terapeuta normal. Como poderia alguém normal fazer uma pergunta dessas a um paciente que vem para uma consulta com essa aparência?

Brinquei, dizendo que eu não tinha "pacientes" e que era apenas "meio normal". Disse a ela que minha utopia era imaginar que, um dia, as pessoas procurariam meu consultório somente por algo bem bom. Ela riu, mas não engatou na brincadeira.

Perguntei quem a tinha encaminhado.

Izabel Augusta contou-me que, da primeira vez que lhe deram meu nome, havia sido um psiquiatra que participara com ela de um grupo para ex-pacientes de uma clínica em que esteve internada. Ela disse a ele que precisava de outro tipo de terapeuta, e ele falou de mim. Ela não soube dizer se o psiquiatra havia sido meu cliente, nem se estava no grupo na condição de ex-paciente ou de terapeuta.

No entanto, a família só havia decidido me procurar quando um psiquiatra de uma cidade vizinha à sua recomendou uma terapeuta com compreensão e atuação familiar. Ao ouvir o nome e lembrar que se tratava da mesma psicóloga, Izabel fez uma cena, dizendo que não vinha e que não acreditava que mudanças pudessem ocorrer na família. Repetiu todas as encenações que sabia fazer e que, sabia, podiam enlouquecer sua irmã. Além disso, as cenas sempre levavam Débora a fazer o que ela queria. Falou isso de um fôlego só, com ar de exibicionismo, mas ao mesmo tempo mapeando o que eu demonstraria achar disso.

Avaliei, então, se ela estava ali de livre e espontânea vontade e se tinha realmente escolhido vir me ver. Ela disse ter consciência de que acabaria morrendo se não parasse de se drogar, mas não acreditava que tivesse solução. Por outro lado, sempre que se aproximava do fundo do poço, alguém a forçava a procurar ajuda. Desde que marcou a sessão comigo, havia analisado todas as possibilidades – desde não aparecer, avisando ou sem avisar, até vir drogada ou ficar puxando fumo na sala de espera, se bem que não gosta de maconha. Quando decidiu por comparecer, decidiu também por vir de cara limpa, para depois lembrar bem da terapeuta e das coisas que ela dissesse. Portanto, veio porque quis.

Ao perguntar a ela **para quê**, tivemos nossa primeira batalha. Izabel Augusta guerreava com suas armas prediletas e usuais: ficava ironicamente agressiva; desqualificava o meu trabalho; responsabilizava-me pela cura da sua doença, dizendo: "O terapeuta faz um juramento de ajudar a quem precisa"; dizia que eu era uma terapeuta que resolvia esses tipos de problemas. Desafiou-me com a seriedade do seu caso, alertando-me para o risco de overdose e de suicídio.

Reagi com minhas redefinições usuais: mostrando firmeza nas minhas crenças e propostas, não me deixando seduzir pela dificuldade do caso, não entrando numa briga estéril pelo poder e mostrando o que via do seu funcionamento, enquanto ela queria me cegar com os seus conteúdos.

Encerrei nossa alegre batalha, dizendo que era prazerosa a forma intensa, explícita e com garra, com a qual ela guerreava, mas parecia-me não ter sido muito útil até o momento, tendo em vista que ela era uma mulher de 22 anos, que se apresentava muito feia, mal cuidada e que, apesar disso, ainda estava muito misturada com a família. Propus que me contasse um pouco do que estava acontecendo. Se eu achasse que poderia ajudar e sentisse que estava disponível para o seu caso, poderíamos definir o caminho a seguir.

Izabel passou a me contar sua vida, com facilidade de expressão, mas como se fosse um folhetim. Aos poucos, e a partir das minhas perguntas, fiquei conhecendo sua história.

Começou contando dos seus sintomas: infância sem muitos amigos, boa atuação escolar, com sintomas e doenças de criança. Começou a fumar muito cedo, mais ou menos aos 12 anos. Foi estudar numa cidade grande aos 14 anos, mas começou a ter insucessos na escola, a gazear aula e ficar bebendo em barzinhos. Começou a fumar maconha, mas não gostou. Em busca de outras sensações, começou a cheirar (cocaína). Aos 19 anos, usou drogas injetáveis pela primeira vez. Passou por muitas terapias, e nada adiantou. Só parou com drogas duas vezes, por ter sido internada, mas voltou logo que saiu do internamento.

Algumas colocações de Izabel soavam como se estivessem soltas, e eu não descobri logo como lidar com a sensação de confusão. Perguntei, então, sobre a história da família. Ela nasceu em uma cidade pequena do interior, em família com muitos bens. O pai herdara quase tudo que era do pai dele, porque sabia lidar com as coisas e com dinheiro. Um de seus irmãos, Henrique, ficara no lugar do pai (quando da sua morte); tinha mais dois irmãos e uma irmã.

A forma como dava as informações era rápida, fechada, sem fazer e sem facilitar comentários. Fui me sentindo tonta, sem conseguir gravar as informações que me passava.

Pedi que parasse; disse a ela o que estava acontecendo comigo. Perguntei se tinha alguma ideia do motivo que me fazia sentir assim, já que não é meu padrão básico de funcionamento numa primeira sessão.

Com um sorriso maroto, falou: "Acho que sei. Eu estou querendo confundir você, pois fiz uma aposta de que conseguiria passar uma sessão inteira sem lhe contar algumas coisas".

Passou, então, a contar-me a história real, inicialmente com alguma ironia. Aos poucos, porém, foi ficando séria, e a voz, rouca. No final, o relato era entrecortado pelo choro.

Seus pais, Rubens e Vilma, tinham quatro filhos, três homens e uma mulher: Henrique, Daniel, Débora e Vitor. Rubens era um industrial que viajava muito e levava uma vida bem independente, enquanto Vilma ficava em casa, organizando as coisas e cuidando dos filhos.

Em 1974, Henrique tinha 22 anos e já era casado com Heloísa; Daniel tinha 17 e estudava em outra cidade; Débora tinha 15 e Vítor, 10 anos.

Numa tarde de setembro, ao voltar para casa de uma visita, sua mãe encontrou uma comadre do interior, que disse ter lhe trazido um presente. Curiosa, a mãe descobriu a cesta que estava em cima da mesa e deparou-se com um bebê dormindo. A comadre contou que uma mulher tinha tido uma menina, mas não podia criá-la e estava procurando alguém que quisesse. Desde que viu o bebê pela primeira vez, dona Vanda pensou na comadre Vilma.

Com 42 anos, Vilma aceitou ficar com a criança, para ver o que faria. Com o passar do dia, decidiu adotar o bebê. Quando sua filha Débora e o filho caçula, Vítor, chegaram do clube, no início da noite, ela apresentou o bebê como "sua nova irmãzinha". Assim, como tinha decidido adotá-la, já tinha mandado vir tudo o que precisava para o bebê. Tinha preparado um dos quartos que servia de espaço para os filhos brincarem, transformado-o em quarto para a menina, que decidiu chamar de Izabel Augusta, juntando o nome de sua mãe e de sua sogra.

Nem o susto, nem as argumentações, nem o choro do filho menor abalaram a decisão de Vilma. Quando Débora perguntou se ia adotar um bebê sem falar com o marido, foi taxativa ao dizer que ele também fazia coisas sem consultá-la, que o pai nunca havia se envolvido na educação das crianças e que tinha interesses externos à família. Portanto, não tinha nenhum direito de dar palpite nessa decisão.

Quando seu pai voltou de viagem, Izabel Augusta já fazia parte da rotina da casa. Inclusive, tinha documentos como filha legítima de Vilma e Rubens. O pai expressou de todas as formas sua insatisfação com esta "loucura" da mulher, ameaçando processar as pessoas que fizeram a documentação e envolveram-se no caso. Não se sabe ao certo o que houve entre Vilma e Rubens e, depois de dois dias de discussões e brigas, ele não mais tocou no assunto. Até morrer, 10 anos depois, em 1984, dizia que tinha só quatro filhos.

O filho mais velho, Henrique, ficou dois meses sem conversar com a mãe. Ele não aceitava a decisão em hipótese alguma.

Izabel Augusta disse que a infância foi boa, apesar de ter problemas de pele e de ser muito tímida. Sobre o pai, contou que apenas lembra-se de sempre estar tentando agradá-lo, mas tem a sensação de que o viu poucas vezes. Ele não tomava conhecimento do que acontecia com ela – não foi ao seu batizado, nem às festas de escola ou de aniversário.

Nunca recebeu presentes do pai. Quando os recebia da mãe, esta lhe dizia que eram dela e do pai.

A mãe sempre lhe deu tudo – dinheiro e coisas materiais –, mas não participou muito de sua infância. Nunca tinha muita paciência ou tempo para ela. Izabel tinha a sensação que tudo que fazia irritava a mãe, mesmo as coisas boas.

Com relação ao irmão mais velho, tinha e tem certeza de que ele sempre a odiou. Na época da adoção, ele já era casado e, três meses depois, nasceu sua primeira filha, Rebeca. Henrique nunca perdoou a mãe por tê-la adotado. A cunhada é uma boa pessoa, mas ele manda nela, e ela só faz o que ele quer.

Ao saber da adoção, o irmão Daniel riu muito. Disse ter lido que as mulheres, quando envelhecem, fazem qualquer coisa para esquecer de que não são mais jovens. Algumas arranjam um amante, outras adoecem e outras ainda arranjam um bichinho de estimação. Era como um bichinho de estimação que Izabel Augusta sempre se sentiu quando estava com Daniel.

A irmã Débora foi, na verdade, quem a aceitou desde o início. Nas fotos em que aparece, ainda pequena, está sempre no colo de Débora. A irmã tinha 15 anos e já tinha um namorado sério, Roberto. Os dois levavam a irmãzinha para todos os lugares, cuidavam e brincavam com ela. Quando havia problema ou festa na escola, era Débora quem ia, substituindo a mãe.

Vítor foi quem mais perdeu com sua chegada. Perdeu o quarto de brinquedo, as saídas na companhia da irmã e do namorado e todas as regalias de ser caçula. Por um lado, brigava muito com ela; por outro, foi quem mais esteve com ela, quem mais lhe ensinou coisas, fez companhia, conversou, apesar de ser também quem mais lhe bateu.

Ao ser questionada sobre como estava a situação familiar no momento presente, relatou que o pai havia morrido há 13 anos, a mãe estava com arteriosclerose há cinco anos – não se ligava em nada, não falava coisa com coisa, ficava a maior parte do tempo na cama. Henrique toma conta dos negócios da família e distribui o dinheiro no final do mês e no final do ano. Daniel e Vítor cuidam da vida deles. Débora faz tudo e mais um pouco – trabalha, cuida das coisas da mãe, preocupa-se com todos.

Sobre sua vida, disse que já fez de tudo um pouco. Já viveu com cada um dos irmãos e, no momento, não quer saber de ninguém. Está morando na casa da mãe e evita ver qualquer membro da família, apesar de morarem todos na mesma cidade. Tem seu próprio dinheiro e pensa em ir mundo afora.

Disse a Izabel Augusta o quanto me emocionei ouvindo sua história, principalmente com a intensidade da expressão de seu rosto, especialmente dos olhos. Quando ela falava de dor, eu podia enxergar a dor de forma quase concreta. Falei um pouco de como eu pensava sobre a situação das crianças adotadas e de como via seu momento de vida: ainda dava tempo de reescrever sua história; porém, se deixasse passar mais um tempo, isso talvez não fosse possível.

Expliquei a ela como costumo lidar com adolescentes e que a estava vendo como alguém no começo da adolescência. Falei, ainda, que a tarefa que ela tinha no momento era árdua, mas achava que ela tinha condições de realizá-la se realmente viesse a se empenhar. Eu poderia ajudá-la se ela aceitasse deixar que o seu lado saudável emergisse, se ela fizesse um contrato com a vida. A tarefa seria um pouquinho mais fácil se a família tivesse disponibilidade de participar do processo e de algumas sessões. Caso contrário, ela teria de fazer o trabalho sozinha.

Izabel Augusta concordou com o que eu dizia, fazendo perguntas para clarear o que eu queria dizer com cada um dos itens.

Defini alguns aspectos relacionados com custos, pagamentos e tarefas. Na minha compreensão, ela deveria pagar as sessões individuais e as de família, se houvessem, pois ela possuía meios para isso, e era uma forma de desenvolver sua autonomia e competência.

Encerrei a sessão, propondo que ela conversasse com Débora. Caso ela aceitasse, as duas deveriam vir a uma sessão para conversarmos e contratarmos o processo de terapia envolvendo toda a família. Se, porventura, Izabel Augusta não quisesse ou, conversando com Débora, decidissem não envolver a família, a próxima sessão seria individual. Assim, começaríamos um trabalho só nós duas.

Quando as situações se repetem ou coincidem, procuro ficar atenta sem ficar persecutória. As coincidências em atender o primeiro telefonema e estar com tempo livre na sua primeira sessão deixaram-me em dúvida se deveria antecipar o horário dela ou manter as rotinas. Sempre que tenho esse tipo de dúvida, defino a partir do que já sei que o cliente precisa aprender e ajudo essa aprendizagem ou tomo uma decisão aleatória. Porém, fico atenta às consequências dos meus movimentos na definição do padrão de interação do sistema terapêutico.

Inicio a primeira sessão com uma pergunta ou um comentário que crie algum impacto, para possibilitar uma redefinição de postura, que será um facilitador para redefinir todo o pedido e o trabalho.[5] A redefinição é importante quando consideramos a intervenção terapêutica numa perspectiva sistêmica, em que o objetivo consiste em restituir ao cliente o controle dos seus problemas. Por isso, a primeira tarefa do terapeuta é alterar os desejos estereotipados que ele traz para a terapia, redefinindo a relação terapêutica, de modo que a família, ou o indivíduo, torne-se responsável pela solução dos seus problemas de interação, à medida que estes tornam-se mais claros com a ajuda do terapeuta.

Quando explico a diferença entre cliente e paciente, estou novamente redefinindo a relação terapêutica e o foco da terapia.[6]

O direcionamento dessa primeira sessão seguiu a regra básica de **vincular**, **levantar a queixa**, **circular**, **redefinir**, **definir objetivos** e **contratar**. Entretanto, isso só foi possível pela avaliação que fiz da estrutura e do funcionamento da cliente. Era uma pessoa forte (desde seu porte físico até suas defesas de Ego), uma guerreira (não desistia

5 ANDOLFI, M. **A terapia familiar**. Lisboa: Vega, 1981. p. 93.

6 ANDOLFI; ANGELO. *Op. cit.*, p. 107.

facilmente, jogava pesado e intensamente), enxergava o que fazia, olhava diretamente em meus olhos, ocupava espaço na sala. Essa avaliação confirmou que eu poderia também usar de firmeza, intensidade e clareza nas intervenções. Se não fosse essa a avaliação, a primeira sessão seria totalmente diferente, seguindo o padrão de funcionamento do cliente, apesar de manter o foco básico.

Para o terapeuta relacional sistêmico, um dos desafios é ouvir o **conteúdo** das queixas e sintomas, mas ficar atento e centrado na **forma**. O conteúdo normalmente seduz e encanta pela emoção que encerra, por nosso hábito cultural de querer compreender, pela impotência que a situação gera. Se nos deixarmos fascinar pelo conteúdo, perdemos nosso potencial de ação e mudança, que só serão viáveis se nos atermos à forma como o conteúdo é vivido e está sendo relatado, pois é na forma que aparece o Padrão de Interação e Funcionamento do cliente. O que precisa ser desvendado e mudado é a forma repetitiva de funcionamento, que é o que desencadeia e mantém os sintomas.

As colocações que faço nessa primeira sessão servem para definir o padrão de interação terapêutico que vamos seguir, mas também tem a função de já serem terapêuticas, no sentido que mostram novos caminhos, novas formas de ver a realidade e de relacionar-se. Whitaker e Bumberry[7] ensinavam que esse primeiro contato não deveria girar em torno de revelações estéreis de uma "entrevista de avaliação", mas sim estarem já, terapeuta e cliente, "aprendendo a dançar".

7 WHITAKER; BUMBERRY. *Op. cit.*, p.12.

"Encerrei nossa alegre batalha..." Ao referir-se dessa forma ao embate que tivemos, estou relatando o que aconteceu, a chamada "batalha pela estrutura", mas estou também dando o colorido da minha forma pessoal de desenvolver a profissão. Acredito que batalhas podem ser prazerosas e saudáveis. Acredito que, ao mostrar isso para os clientes, estou estimulando-os a colocarem-se com criatividade e fora dos parâmetros de "boa educação e bons costumes". Acredito que, não tendo medo de guerrear, posso ajudar o cliente a trazer à tona aspectos escondidos e outros novos.

Cabe, então, citar Whitaker e Bumberry[8]:

> O processo de terapia familiar gira em torno de pessoas e relacionamentos, não de técnicas de intervenção ou abstrações teóricas. O terapeuta, como ser humano, é básico. A dinâmica da psicoterapia está na pessoa do terapeuta. Teoria e técnica tornam-se vivas e tomam forma apenas quando filtradas através da personalidade do terapeuta. Como pessoas a quem sucede sermos terapeutas, seríamos insensatos em não encarar seriamente o papel central de nossa personalidade, nossas suposições filosóficas e preconceitos pessoais no processo terapêutico. Nossas crenças sobre a natureza dos seres humanos, sobre o poder dos relacionamentos e a essência do papel de terapeuta são guias que dirigem nossas ações frequentemente sem consentimento consciente. Se a psicoterapia deve ser realmente um

8 *Ibid.*, p. 42.

> encontro humano, ela requer um terapeuta que tenha retido a capacidade de ser uma pessoa. Como terapeuta profissional, você precisa inquietar-se o suficiente para entrar no jogo e ficar envolvido, embora retendo suficiente autoestima para suportar o mandato cultural de sacrificar-se para salvar a família. O pressuposto social de que você deve ser capaz de salvar todas as famílias que aparecerem no seu consultório é fatal. Para ser um salvador, você deve requerer também uma coroa de espinhos. Embora a compaixão seja essencial, o terapeuta profissional não pode esperar ser útil, ou mesmo sobreviver, se for demasiadamente tragado pelo altruísmo. Nesse sentido, tornar-se um missionário é bom apenas para canibais... ao menos para uma gloriosa refeição.

Acredito que um terapeuta será cada vez melhor na medida em que tenha consciência do seu funcionamento e que consiga utilizar seus pontos fracos e fortes, estrategicamente, de forma a ser útil para o cliente.

Uma das características percebidas em Izabel Augusta foi de que sua comunicação era clara, fácil de entender. Por essa razão, quando não consigo gravar o que ela diz, não consigo me fixar e entender, autorizo-me a questionar, explicitando meu mal-estar e dificuldade. Talvez, se não tivesse trazido à tona meu mal-estar, não tivesse facilitado que os dados aparecessem. Acredito que um dos treinamentos necessários a um terapeuta seja discernir quando está tendo uma intuição, quando é fantasia, quando é desejo, quando está divagando, além de aprender a fazer uso disso para facilitar o processo do cliente.

Costumo dizer para os clientes o que estou sentindo do seu relato, como ele me impacta, emociona ou enraivece. A escolha do que falar, e se falo ou não, depende do objetivo que tenho naquele momento, ou seja, se vai ser útil para o cliente na vinculação comigo, na compreensão da situação ou no desenvolvimento do processo.

Nesse caso, coloquei minha emoção para compartilhar a dor que eu realmente enxergava nela, como também para inserir na nossa relação um espaço para a emoção, para compartilhar, compreender a dor, além de falar dela.[9] Para Andolfi[10], "o terapeuta, utilizando diversos aspectos da sua personalidade, faz funcionar não só a 'cabeça', mas também a 'barriga', isto é, conseguindo, além de refletir, sentir aquilo que o outro lhe suscita".

Muitas vezes, crio metáforas simples para facilitar a expressão da emoção, para encaminhar a compreensão do funcionamento ou para abrir novos caminhos, induzindo à empatia e, portanto, transmitindo ideias e sentimentos com maior eficácia.[11]

Uma das metáforas que uso e que chamo de Síndrome de Kamikaze tem ajudado muitos clientes que lidam com a situação de adoção, como adotados ou como pais, pois ajuda a enxergar os comportamentos repetitivos e

---

9 *Ibid.*, p. 29.

10 ANDOLFI, M. **A linguagem do encontro terapêutico.** São Paulo: Artes Médicas, 1996. p. 73.

11 *Ibid.*, p. 79.

disfuncionais das crianças (e de alguns adultos), como uma forma de buscar prova de amor e aceitação, fazendo o que desagrada aos que lhe circundam. Compreendo isso como uma forma desesperada de provar o que normalmente é difícil de provar em meio ao caos: que são dignos de amor e aceitação. Geralmente, esse comportamento, que leva ao que Watzlawick e outros[12] chamam de "Jogo do Sem Fim", mantém os padrões disfuncionais e não tem "saída honrosa". Explicitar o que chamo de Síndrome de Kamikaze ajuda aos envolvidos a "metacomunicarem"[13] sobre a situação e a batalharem para encontrar novas regras que possibilitem o fim do "Jogo do Sem Fim". Deixando de usar a comunicação para comunicar, mas empregando-a para comunicar sobre a comunicação, recorremos a conceituações que não são parte da comunicação, mas dizem respeito a esta. Em analogia com a matemática, isso tem o nome de metacomunicação.

Ao explicar-lhe como costumo trabalhar com adolescentes (responsabilizando-os por pelo menos uma parte do pagamento; com sessões individuais, a fim de preparar-se para ser o adulto que pretende escolher ser, independentemente das dificuldades que teve com a família; assumindo a história da sua vida, aquela que quer escrever; com sessões de família na medida da necessidade real de recontratar outras formas de relacionamento, entre outros), estava

12 WATZLAWICK, P. *et al.* **Mudança**. São Paulo. Cultrix, 1977. p. 37.

13 WATZLAWICK, P.; BEAVIN, J. H.; JACKSON, D. **Pragmática da comunicação humana**. São Paulo: Cultrix, 1981. p. 36.

clareando o que via no seu funcionamento, por um lado, e provocando-a, por outro. Da mesma forma isso acontece quando lhe digo que teremos seguimento no atendimento se me sentir capaz e disponível.

A redefinição é um dos focos dos primeiros contatos (recebimento do pedido, primeiro telefonema e primeira sessão). Redefinir, numa primeira instância, significa transformar uma queixa que não apresenta nenhuma saída em algo que possa efetivamente ser trabalhado terapeuticamente. Existem várias modalidades de redefinição, dependendo do conteúdo e da forma: redefinição da relação terapêutica, de postura, de contexto, de queixa, de conteúdo.[14]

Ao deixar claro o envolvimento da família na sua situação, mas salientando que a tarefa era sua, eu tinha em mente os conceitos do Bowen[15] de que "compreender o mecanismo, diferenciar-se, desfazer os triângulos e mudar os velhos modelos não é, unicamente, um objetivo terapêutico, mas também a meta de vida de todo indivíduo que queira conquistar a liberdade e o conhecimento em um sistema aberto de relações".

No Contrato, costumo explicitar os pontos que são indispensáveis para mim e os pontos que ajudarão o cliente a não repetir seu padrão relacional disfuncional, se for o caso. Com essa cliente, o ponto principal era responsabilizá-la dentro das suas reais possibilidades.[16] Acredito que um elemento

---

14 ANDOLFI, 1996. *Op. cit.*, p. 90.

15 BOWEN, M. **De la familia al individuo.** Barcelona: Paidós, 1991. p. 10.

16 ANDOLFI, 1981. *Op. cit.*, p. 84.

essencial para a formação de um sistema terapêutico é o acordo sobre um contrato terapêutico e a definição de um objetivo. O contrato terapêutico representa, também, a implicação de cada um para que sejam atingidas as mudanças desejadas. Quanto mais claro, circunstanciado e concreto for, mais eficaz e consequente será a terapia.

Com relação à adoção, costumo lidar como uma característica a mais daquela família, pois acredito que isso pode ser trabalhado e circulado na família, sem que se transforme em sintoma ou problema. Quando isso ocorre, não é pela adoção em si, mas pelas dificuldades de funcionamento da família com relação a várias questões, entre elas a adoção.[17] Essa postura não quer significar que a adoção não deixa marcas na família e naquele que foi adotado, mas sim que o fato não implica uma comparação desvantajosa em relação a famílias com filhos biológicos. É um fato que, assim como outros eventos do ciclo familiar, deve ser levado em conta caso surjam situações problemáticas de difícil solução. Hoje, nos estudos de famílias, vê-se que os padrões relacionais com filhos adotivos estão sujeitos aos mesmos mandatos e regras dos demais padrões familiares e estão estreitamente ligados às possibilidades do sistema familiar de lidar com a diferença.

A aparência, a voz e as vestimentas são alguns entre os vários aspectos que utilizo para avaliar o padrão de funcionamento de um cliente. São elementos que uso, depois,

17 GROISMAN, M.; LOBO, M.; CAVOUR, R. **Histórias dramáticas**. Rio de Janeiro: Rosa dos Tempos, 1996. p. 110.

como norteadores para avaliar o andamento do processo. São aspectos importantes de serem anotados, para servir como dados de comparações futuras.[18] Acredito que o modo como o indivíduo apresenta-se pode ser um indicador de disposições internas psicológicas e, portanto, uma transformação no aspecto exterior pode ser representativo dos processos de elaboração da própria história e corresponder à variação nos estados afetivos, além de sinalizar um novo modo de colocar-se na relação.

Em síntese, o trabalho nodal dessa primeira sessão foi desenvolver pertinência. Para uma terapia de mudança, o cliente precisa ter consciência e responsabilidade pelo que faz e pelas mudanças necessárias. Pertinência à terapia precisa ser trabalhada antes de conteúdos, relações e aprendizagens.

18 ANDOLFI, 1996. *Op. cit.*, p. 103.

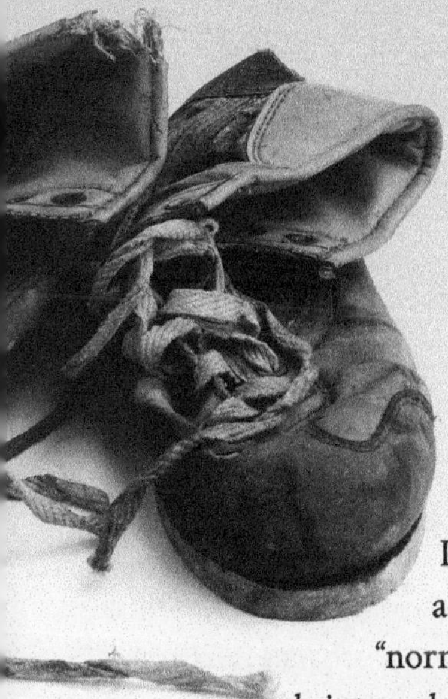

3 *Redefinições*

Iniciei a sessão, perguntando para Izabel Augusta (que estava penteada e vestida como uma mulher "normal") como tinha passado o tempo de intervalo das sessões e como tinha digerido a primeira sessão. Ela respondeu evasivamente, dizendo "normal" a todas as minhas perguntas.

A irmã, ao ser perguntada sobre por que veio à sessão e sobre as repercussões familiares, relatou que os membros da família estavam ambivalentes com relação ao tratamento de Izabel Augusta. Todos estavam cansados dessas idas e vindas a psicólogos, clínicas etc., sem nada funcionar. Ela continuava irresponsável, voltava a drogar-se, fumar e beber imediatamente após parar os tratamentos; era agressiva e irônica. Não queria trabalhar e vivia como se não se incomodasse com nada. Não conversava com ninguém de forma séria, e seus únicos amigos eram drogados iguais a ela. Disse que ela veio à sessão porque estava decidida a fazer uma última tentativa e pelo fato de ser a primeira vez que procuravam um terapeuta familiar.

Quando esclareci que ser uma terapeuta familiar pressupunha que a família deveria vir às sessões, as duas riram e disseram que isso já era outra conversa, pois jamais conseguiriam trazer os homens para uma psicóloga. No máximo, eles já haviam comparecido para fazer o pagamento, quando o valor era muito alto. Os homens da família não têm muita paciência com as "loucuras femininas e infantis".

Expliquei que pedi a presença de Débora para que ela fosse uma intermediária entre eu e a família, tendo em vista que havia duas possibilidades para o atendimento de Izabel Augusta. A primeira era de atendimento individual; nesse caso, a família não seria envolvida, já que Izabel teria de fazer todo o trabalho de mudanças pessoais e relacionais que a terapia pressupõe, e poderia pagar com seu próprio dinheiro. A segunda hipótese, de atendimento familiar, dependia da disponibilidade da família em envolver-se num processo real de mudanças internas, na família e nas pessoas envolvidas. Nesse segundo caso, eu precisava explicar como trabalho, em que acredito e o que proponho, além de contratar a forma como o trabalho deveria acontecer. Débora deveria levar essas explicações e propostas para os demais membros da família. Se eles aceitassem, marcaríamos uma primeira sessão familiar.

Deixei clara, então, minha compreensão a respeito de sintomas na família, respondendo as dúvidas e deixando bem explícitas as condições do trabalho.

Avaliei a possibilidade real de Izabel Augusta fazer esses contatos e dar as explicações. A conclusão foi que, em função de seus últimos comportamentos, ela não teria espaço para pedir ou propor algo para os irmãos, nem as pessoas estariam disponíveis para conversar. Isso confirmava minha hipótese de que precisávamos da ajuda de Débora.

Discutimos qual poderia ser a forma mais adequada para Débora envolver cada um dos membros da família no atendimento familiar. Explicitei que a proposta era só de uma sessão familiar. A partir dela, decidiríamos se deveria haver outras sessões familiares ou não.

Durante esses acertos, fiquei sabendo de outros dados sobre a família. Débora contou (Izabel Augusta nunca tinha ouvido essa história) que, na época da chegada de Izabel Augusta, os pais estavam no meio de uma crise profunda, pois a mãe descobrira que as longas viagens do marido envolviam também um relacionamento com outra mulher. A mãe tinha dito que se vingaria dele. Uma das vinganças havia sido revelar a traição para todos os filhos, inclusive o caçula, que tinha 10 anos.

Muitas vezes, a família falou que a outra grande vingança tinha sido a adoção de Izabel Augusta. Ao ouvir isso, Izabel começou a chorar e a xingar "aquela velha louca". Apesar de também estar emocionada, Débora irritou-se, dizendo que sempre que Izabel Augusta xingava a mãe, fazia também alguma besteira. Disse, ainda, que não tinha mais paciência para ficar mapeando o que Izabel Augusta estava sentindo e preparando-se para cuidar das consequências do seu mau humor.

A leitura que Débora fez da situação estancou imediatamente o choro e os xingamentos de Izabel Augusta, a qual respondeu que nunca tinha feito essa ligação entre xingar a mãe e fazer bobagens. Ela concluiu, explicando que sabia que cada vez que pensava mal da mãe ficava arrependida, assim como acontecia cada vez que era afetiva com a mãe.

A sessão revelou, também, que ninguém chamava Izabel Augusta pelo nome, e sim pelo apelido de "IA". As duas não tinham muita certeza do motivo e de quando ela passou a ser IA. Acham que foi desde pequena. O apelido teria surgido porque Vítor, ou a sobrinha Rebeca, não sabia dizer o nome. Outro apelido era Bru, mas só era usado nas horas más, quando queriam ser irônicos com ela, pois tinha sido dado na infância pelas crianças. Era uma simplificação de Bruxa, repetida e mantida pelas crianças e, algumas vezes, pelos adultos. Discutimos como ela queria que eu a chamasse nas sessões de família e no meu relacionamento pessoal com ela. Finalmente, ela decidiu que deveria ser chamada de IA.

Débora confirmou as percepções relacionais que IA tinha sobre os familiares. Acrescentou que, para ela, a relação com IA era um pouco confusa, pois se sentia, na maioria das vezes, como sua mãe, mas sabia que não era. Quando Izabel chegou à família, era meio sua boneca, meio sua filha. Roberto também complementava esses papéis. Depois que teve seus próprios filhos, diminuiu o envolvimento com IA, mas sempre se sentiu meio culpada por abandoná-la. Quando sua mãe adoeceu, avisou seus filhos (de 12 e 10 anos) que teria de atender IA, então com 17 anos. Achava que IA tinha, de alguma forma, ficado sem mãe.

Contratamos, então, que Débora conversaria individualmente com cada irmão, explicando as informações que dei e convidando-os para uma sessão familiar. Pediria para cada irmão convidar a esposa e os filhos. A sessão só aconteceria se todos os cinco irmãos aceitassem e pudessem vir. Se um deles não viesse, não aconteceria a sessão. As esposas e os filhos, assim como o marido de Débora e seus filhos, seriam convidados com a explicação de que a presença era muito importante, mas a sessão aconteceria com eles ou sem eles.

Coloquei que a mãe, Vilma, também deveria estar presente, mas que, em função da distância e da doença, deixaria essa decisão para os irmãos e aceitaria o que eles decidissem. A próxima sessão seria individual, só com IA, e ela traria um bilhete de cada um dos quatro irmãos dizendo o melhor dia e a melhor hora para a sessão de família. Se eu não recebesse a confirmação dos irmãos, daria por encerrada a possibilidade de atendimento familiar e iniciaria um processo de atendimento individual com IA, sem envolver a família.

Acrescentei algumas informações sobre custos, pagamento e que achava mais terapêutico que Izabel Augusta arcasse com o pagamento das sessões, tanto individuais como de família.

A maioria das decisões estratégicas desse caso definiu-se a partir da leitura de que IA era cronologicamente adulta, mas seus sintomas e comportamentos mostravam dificuldade ou ambivalência em assumir esse fato. Sempre compreendo ou leio os sintomas dentro da perspectiva da família como um sistema: se alguém na família está com dificuldades, problemas ou sintomas, o grupo também está. Não tenho dúvidas de que se alguém está precisando aprender algo naquele específico momento, a família toda está precisando da mesma coisa. No entanto, nem sempre trago a família para a sessão quando sou procurada por um cliente cronologicamente adulto.

Nesse caso específico, escolhi a estratégia de envolver a família concretamente nas sessões pelo fato de ter sido um familiar a fazer o primeiro contato e o pedido de atendimento. Isso me indicava que, de uma forma ou de outra, a família como sistema tinha uma parte disponível a participar. Por outro lado, o envolvimento da família facilitaria a leitura dos padrões disfuncionais que estavam desencadeando e mantendo os sintomas, desencadeando novos padrões relacionais.[19]

Quando o cliente é cronologicamente adulto e convido a família a participar, sou cuidadosa em explicitar e contratar com o cliente que, com a ajuda ou não da família, a tarefa continua sendo dele. Independente da história e dos dados, é sua tarefa decidir qual história quer escrever daquele momento em diante: um mártir das situações difíceis que viveu na família ou outra história que pode escolher e trabalhar arduamente para desencadear. Esse é um cuidado para não deixar que o cliente use as dificuldades familiares

19 MINUCHIN, S.; FISHMAN, H. **Técnicas de terapia familiar.** São Paulo: Artes Médicas, 1990. p. 78.

como álibi, deixando de responsabilizar-se e fazer suas próprias escolhas.[20]

Um dos grandes desafios de um terapeuta de famílias com visão sistêmica é conseguir mostrar firmemente para os membros da família que, se alguém está fazendo sintoma, é porque a família está na mesma situação e, como um todo, está necessitando de novas aprendizagens (mudar padrões, flexibilizar o pensamento e as atitudes, aprender novos comportamentos, entre outras). A eficácia do trabalho dependerá da habilidade do terapeuta em convencê-los disso, da sua certeza sobre o que fala, assim como da presteza dessa redefinição.[21]

Chamei a irmã para a segunda sessão por acreditar que representava a parte do sistema disposta a fazer mudanças e também por acreditar que, se eu fosse hábil em redefinir a situação como uma necessidade de aprendizagens familiares, ela teria habilidade e poder na hierarquia familiar para passar essa nova leitura para os outros membros. Se, porventura, ela não demonstrasse disponibilidade, eu mudaria de estratégia, e faríamos um processo só com IA.[22] Desde a primeira sessão, é importante envolver a família no processo terapêutico, de forma que cada membro sinta-se motivado a retornar, a comprometer-se com alguma coisa

---

20 SCHUTZ, W. **Profunda simplicidade**. Lisboa: Ágora, 1989. p. 33.

21 ANDOLFI; ANGELO. *Op. cit.*, p. 54.

22 MINUCHIN; FISHMAN. *Ibid.*, p. 75.

que lhe diz respeito, profunda e pessoalmente. Só abro mão disso se for realmente inviável depois de tentar.[23]

Procuro definir os dados concretos da sessão (horário, intervalo, custos, forma de pagamento, quem paga, tarefas) sempre tendo em conta o que será mais útil para ajudar o cliente a realizar as aprendizagens que necessita naquele momento. Portanto, todas essas definições são elaboradas e adaptadas a cada caso em particular.

Não denomino, nem chamo, meus clientes de pacientes, mas também não de "pacientes identificados". Esta denominação ainda é usada por alguns terapeutas sistêmicos, mas eu a evito por entender que usá-la dificulta a compreensão de que o sintoma é sempre familiar, é uma dificuldade, um problema, uma questão da família. Se identificarmos alguém como paciente, fica difícil e incongruente redefinir a questão como uma situação familiar.

23 ANDOLFI, M. *et al.* **Por trás da máscara familiar**. São Paulo: Artes Médicas, 1984. p. 62.

Contrato individual

IA INICIOU A sessão, dizendo ter passado doente o mês todo. Teve desde asma – que não tinha desde os 10 anos – até uma crise intensa de cistite. Não houve um dia sequer, desde a última sessão, em que tivesse se sentido normal. Ou não podia respirar, ou não podia sentar, ou não podia andar, ou teve dores de cabeça muito fortes.

Perguntei se tinha alguma ideia do motivo, e ela disse que não. Sentia certo alívio em ter estado doente, pois não conseguia pensar na sessão ou na família. A doença foi um álibi. Quando começava a pensar ficava mal e tinha vontade de sair para buscar droga; porém, como estava doente, não podia ir. Falei sobre isso, conotando positivamente suas percepções, e passei a perguntar sobre as decisões familiares.

Ela entregou-me um envelope lacrado e disse que a irmã pedira-lhe que o entregasse a mim. Estava lacrado porque ela não deveria ler o conteúdo. IA disse ter certeza de que eu deixaria que ela lesse. Por isso, nem tentou abrir o envelope. O irmão Henrique telefonou-lhe quando já estava viajando, dizendo que não havia entregado seu bilhete e que o enviaria por fax ao consultório. Fui verificar com a secretária e, realmente, havia acabado de chegar.

Seu recado dizia o seguinte:

Prezada doutora,

No bilhete que lhe enviei por Izabel Augusta, disse que não iria à sessão, mas depois resolvi dar a ela uma chance de resolver os seus problemas. Se a minha ida pode ajudar, proponho-me a ir, já que é uma só sessão. Não conversei ainda com minha família, mas posso garantir que minha esposa, Heloísa, também irá. Não existe um melhor dia e horário para mim, todos serão difíceis de encaixar; decida a senhora, e eu verei o que é possível fazer.

Aguardo sua confirmação, Henrique XXX

Li a mensagem em voz alta, e IA ficou muito séria, com lágrimas nos olhos. Toquei no seu ombro, e ela despencou a chorar. Chorou convulsivamente por 10 minutos. Quando se acalmou, contou-me que não costumava chorar desde muito pequena. Nas duas vezes em que veio ao consultório, chorou um pouco; durante o mês, teve muita vontade – sentia o choro no corpo, mas ele não saía. A sensação que tinha nesse momento, após o "dilúvio", era de leveza. A cabeça estava oca. Também disse que Henrique nunca a chamara de Izabel Augusta. Na verdade, nunca a chamara de nada;

quando fala com ela, não diz seu nome. Nunca o havia visto escrever sobre ela.

Abri, então, o envelope, e lemos juntas os quatro bilhetes.

O primeiro era de Débora:

Doutora,

Procurei fazer tudo que combinamos, mas acho que não fui eficiente. Vítor e Daniel aceitaram ir, mas Henrique não. Mesmo assim, estou lhe enviando todos os bilhetes, pois sugeri ao Henrique que, até o início da sessão de IA, ele ainda poderia rever sua posição. Eu e minha família iremos à sessão, e o dia e horário poderá ser qualquer um; durante a semana, é ruim para o Roberto e, no sábado, é ruim para as crianças. Aguardo sua confirmação.

Agradecida, Débora.

PS. Quanto à ida da mamãe, ainda não decidimos. Estou muito preocupada com a saúde da IA.

O segundo era de Daniel:

Doutora,

Apesar de achar que não vai resolver nada, aceito o convite para ir à sessão de família. O melhor para mim é num sábado.

Daniel

O terceiro era de Vítor:

Aceito ir numa sessão com meus irmãos. Minha família não irá.

Vítor

O último era de Henrique. Diferindo dos outros, estava escrito à mão:

Prezada doutora,

Não aceito seu convite para a sessão de família. Tenho meus compromissos e minha família para cuidar; não pretendo me envolver mais nas loucuras da sua paciente.

Grato,

Henrique

IA disse que era o que ela esperava de todos os bilhetes. A única coisa que não combinava era o recado de Henrique por fax. Essa mudança de atitude a deixava confusa, com medo. Achava que ele ia aprontar algo contra ela. Clareei que o que eu percebia nele era uma ambivalência entre vir ou não, entre ter esperança ou não, entre confiar ou não. Achava que era essa a situação de todos os irmãos, só que o Henrique era explícito e duro na forma de falar.

Passamos a rever seu relacionamento com os membros da família. Ela deu-se conta que, durante esse mês, ninguém a havia procurado. Mesmo Débora só havia feito contatos em função de sintomas, remédios e médicos. Ela ficou só em casa com os empregados. Mesmo sua mãe, que a "inferniza" com falas desconexas e loucas, ficou distante. Eu disse que essa poderia ser uma reação de medo da família e, até, de retaliação por ela ter mexido com todos a partir da sugestão de sessão familiar.

Defini que, com sessão de família ou não, eu continuava decidida a atendê-la para explorar seu lado saudável e adulto. Avaliamos seus comportamentos passados e os desse mês, dentro desses parâmetros. Contratamos, então, qual seria sua tarefa no mês e na sessão de família.

Ela levaria para cada irmão um bilhete meu, definindo data e hora da sessão, e meu pedido para que, antes do encontro, informassem o nome das pessoas de sua família que viriam. Na semana anterior, ela faria contato com cada irmão para saber o nome dos participantes, enviando-os a mim.

Contratamos, também, o que ela faria se tivesse alguma recaída nos sintomas. Se estivesse na iminência de recair, passaria um e-mail para mim; se recaísse, deixaria um recado na secretária eletrônica, participando-me o fato. Em nenhum dos casos, eu daria resposta. Se ela viesse drogada no dia da sessão, eu faria a sessão só com a família. Ela ficaria na sala de espera, e eu encerraria o trabalho, desistindo e definindo minha incompetência para atendê-la.

Se ela viesse sem recaídas, eu necessitaria da ajuda dela para organizarmos os dados, para clarear algumas situações que fossem necessárias, tendo em vista que teríamos várias pessoas na sessão. Ela perguntou se isso era co-terapia. Eu expliquei o que era co-terapia dentro dos conceitos técnicos e porque ela seria um tipo de co-terapeuta (ela entendia da família, era a pessoa mais interessada em reorganizar as coisas, e eu confiava nela). Expliquei, ainda, que meus objetivos para a sessão eram conhecer as pessoas e poder avaliar o que cada um poderia aprender para sua vida se as relações entre os membros da família sofressem algumas mudanças, além de poder avaliar se a tarefa de ela vir a ser uma mulher "normal" poderia ser facilitada com a ajuda de alguns membros da família ou se seria só sua.

Perguntei se ela sabia seu verdadeiro nome, e ela demorou a entender. Disse-lhe, então, que eu pensava que, mais dia menos dia, teria que ir buscar suas verdadeiras raízes, ou seja, procurar saber os dados verdadeiros de sua história. Penso que a decisão de ir buscar esses dados seria um sinalizador da evolução do seu processo. Isso porque creio que uma das suas maiores dificuldades era a confusão e a não-definição de sua identidade. Conforme fosse ficando dona de si e dos seus funcionamentos, ela estaria pronta para decidir o que fazer com relação à falta de informações confiáveis do começo de sua vida. Ela disse ter entendido, mas acreditava não estar nunca pronta para isso.

Aproveitei as queixas de sintomas físicos para introduzir a compreensão da relação entre eles e o estado emocional, entre sintomas e funções emocionais dos órgãos do corpo, explicando que toda função psicológica desenvolve-se a partir de modelos fisiológicos e também que as funções fisiológicas, psicológicas e relacionais são correlacionadas.

Uma disfunção física, consequentemente, acarreta uma disfunção psicológica e relacional.[24]

Antes de colocar meu ponto de vista, procuro pesquisar se o cliente tem suas próprias explicações; muitas vezes, através delas chega-se às questões míticas ou de segredos e rituais familiares. IA, apesar de relacionar os sintomas com fases da vida, não tinha mais interpretações. Coloquei meus pontos de compreensão e, como ela mostrou-se interessada, sugeri alguns livros que relacionam sintomas físicos e estados emocionais.

Quando avalio com o cliente seus comportamentos e sintomas, independente de serem disfuncionais ou não, encaminho a discussão no sentido de avaliar se ele percebe seu padrão de funcionamento, se enxerga o que está precisando aprender e o que está precisando mudar. Essa avaliação vai definir os objetivos gerais do trabalho a ser desenvolvido, que dependerão do nível de consciência do próprio funcionamento, das aprendizagens necessárias, da autonomia e da seriedade dos sintomas. Izabel Augusta tinha uma ideia mínima de seu padrão disfuncional, mas aceitava e compreendia rapidamente quando eu fazia marcações, sugestões ou esclarecimentos. Até esse momento, parecia ter um bom nível de aprendizagem e cooperação.[25]

Uma das ideias gerais na Terapia Sistêmica é que o pedido do cliente sempre é paradoxal. Na compreensão

---

24 REICH, W. Identidade funcional psicossomática. In: _____. **A função do orgasmo**. São Paulo: Brasiliense, 1981. p. 214-253.

25 KESSELMAN. *Op. cit.*, p. 33-43.

do funcionamento dos sistemas, sabe-se que as forças de mudança e de persistência coabitam dentro do sistema. Sempre que se aciona uma, desencadeia-se a outra. Quando o cliente aciona seu desejo de mudança, desencadeia seu desejo de permanecer igual. "Quero que tudo mude, mas que tudo permaneça igual" é o desejo do cliente. Quer que tudo mude porque o sofrimento é intenso; o mal-estar e a dor estão tornando a vida insatisfatória, desprazerosa ou insuportável. No entanto, o medo do desconhecido, as dificuldades que a mudança trará, a desacomodação que isso significa trazem à tona o desejo da não-mudança. O paradoxo do pedido pode estar depositado em pessoas diferentes do sistema ou aparecerem no próprio funcionamento do sistema, ao vir à terapia.[26] [27]

A maior parte das intervenções dessa e também das outras sessões foram diretas, procurando efetivamente explicitar os objetivos e, assim, desencadear o desejo de cooperar.[28]

Evito fazer interpretações sobre os conteúdos do cliente. Quando enxergo algo com o qual, acredito, seja útil ele tomar contato, prefiro fazer uma marcação – delimitação – e, dessa forma, auxiliá-lo a perceber o seu funcionamento. Quando faço alguma interpretação, sempre é a respeito do funcionamento, da forma, e não do conteúdo. Assim, procuro auxiliar o cliente a ter consciência do seu funcionamento e das aprendizagens e mudanças que precisa fazer.

26 WATZLAWICK *et al. Op. cit.* p. 40-47.

27 ANDOLFI *et al. Op. cit.* p. 104-106.

28 MINUCHIN; FISHMAN. *Op. cit.*, p. 235.

Propor que o cliente seja meu "co-terapeuta" é uma estratégia paradoxal, pois o coloca, ao mesmo tempo, em dois espaços: o de necessitado e o de especialista. Essa intervenção confusional deixa espaço para futuras intervenções e tarefas. Redefinir a situação de IA como uma questão de identidade mal estabelecida também é uma abertura para novas intervenções; isso tanto é verdade, como não só depende do ângulo que formos olhar. Quando se fazem essas leituras, o propósito não é definir uma verdade, um diagnóstico, mas sim abrir espaço para flexibilizar, acrescentar, redefinir.

5 Circulação do sintoma

Uma semana antes da data marcada, recebi um recado por e-mail de IA, que dizia o seguinte:

Tenho tido muita raiva de você. Acho que não foi muito correto você me dizer que eu poderia ter uma recaída. Não lhe perguntei recaída em quê, mas fiquei superperseguida, esperando ter uma recaída. Na verdade, não bebi, nem cheirei e até meu rico cigarrinho tenho fumado bem menos. Todo dia, acordo esperando ter uma recaída. Fiquei muito fechada, deprimida. Não me lembro de ter chorado, mas acordo à noite com a sensação de que estou chorando muito, mas não consigo lembrar-me dos sonhos. Estou lhe escrevendo hoje porque tenho quase certeza de que vou recair. Acho que vou bater na minha mãe e tenho certeza de que vou atrás de droga. Já avisei uma das empregadas. Sei que você não vai me responder e, então, vai ficar sem saber se eu recaí e em que recaí. Se eu recair, não irei à sessão. Você decide o que fazer. Acho que você me sacaneou.

Izabel Augusta, não; IA, não; Bru

Dois dias depois, recebi um recado por *fax* de IA, dizendo que os cinco irmãos viriam à sessão, que a vinda da mãe dependia da saúde dela no dia e que nenhum dos irmãos conseguiu definir quem da sua família viria. Ela estava preocupada com essa indefinição e, se eu tivesse alguma dúvida, entrasse em contato.

No dia da sessão, foram chegando aos poucos. Estava marcada para 10 horas. Só cheguei 10 minutos antes, mas a secretária tinha ficado encarregada de anotar a ordem de chegada e os nomes.

A primeira a chegar foi IA, 30 minutos antes. Veio sozinha. Tinha chegado de véspera e dormido na cidade.

Depois, chegaram Débora com Roberto, os filhos e a mãe. Tinham vindo em dois carros. Num, a família; no outro, a mãe com o motorista.

Cheguei junto com Vítor, sua esposa Elisa, Daniel com o filho de 14 anos (a esposa não veio porque o filho de 12 anos teve febre).

Entrei na sala de atendimento e pedi que eles esperassem para entrarem quando Henrique chegasse.

Ficaram na recepção e no corredor, conversando animadamente sobre assuntos gerais, a viagem, um programa de televisão. Pareciam todos à vontade, sem grandes receios.

A mãe estava numa cadeira de rodas e não conversava com ninguém.

Exatamente no horário, chegaram Henrique e Heloísa, com os filhos, Rebeca e Neto.

Pedi que entrassem na sala e iniciei a sessão, apresentando-me e pedindo que cada um se apresentasse. Débora começou apresentando a mãe; quando ela ia apresentar a família, pedi que, na ordem que quisessem, cada um fosse me dizendo o nome e de que ramo era. Eles ocuparam os lugares sem a preocupação de ficarem próximos dos membros da sua família. Então, eu não podia saber quem era quem. Pedi para IA ir escrevendo os nomes no quadro, com cores diferentes para a família de cada irmão. Ela estava bem arrumada, penteada e maquiada, apesar de estar com olheiras profundas, e tinha sentado num banquinho próximo a mim.

Expliquei, então, que tinha sugerido uma sessão de família porque a situação de IA era muito séria. Ou ela fazia, logo, uma profunda mudança no seu funcionamento, ou o tempo passaria e, quando nos déssemos conta, a mudança seria muito mais traumática, senão impossível. Disse-lhes que, da forma como trabalhava, compreendia que sempre que alguém apresentava um sintoma ou tinha dificuldades, era sinal de que a família como um todo estava evitando fazer aprendizagens ou mudanças.

Disse que tinha minhas hipóteses de que essa família tinha evitado lidar com algumas situações difíceis quando ocorreram e que, agora, poderiam aproveitar o momento para aprender e fazer algumas mudanças. A tarefa de mudar sua história era de IA, tendo em vista ser uma mulher adulta. Eu trabalho focando a decisão e responsabilidade da pessoa em escrever sua história, independente das dificuldades que tenha tido quando criança ou adolescente. O convite para a família integrar-se no processo aconteceu porque acredito que, se houver mais pessoas envolvidas em refazer a história, será mais fácil para IA redefinir suas questões, passadas e atuais, e poder pensar num projeto de futuro. Também os convidei porque acredito que todos da família podem se beneficiar com essa possibilidade de mudança.

Pedi, então, que cada um dissesse o que via, pensava ou sentia com relação a essa família.

Henrique iniciou, dizendo que, com certeza, eles tinham algumas questões, mas eram as normais de toda família. Eles estavam ali para esclarecer sobre alguns comportamentos de IA. Expliquei, então, que eu já sabia das complicações de IA, seja por ela, seja por Débora. Na medida do possível, ele poderia me colocar novos tópicos, mas eu queria aproveitar aquele momento, em que grande parte da família estava presente, para saber a visão dos acontecimentos passados e atuais no ângulo de cada um.

Débora disse sempre ter certo mal estar com relação à forma como IA foi adotada, mas que, após a sessão em que esteve com a irmã, tomou consciência da culpa e raiva que sempre teve em relação a ela. Perguntei se esses sentimentos também se referiam à mãe, e ela disse achar que sim, que nunca conseguira entender direito por que a mãe fizera isso, nem conseguira conversar direito com a mãe sobre o assunto.

A minha pergunta e a colocação de Débora trouxeram um mal-estar para todos. Eles olharam para a mãe que, sentada na cadeira de rodas, parecia não ouvir o que diziam e olhava pela janela, para fora da sala.

Aos poucos, todos foram se colocando e dizendo que ninguém compreendia a forma como a mãe resolvera fazer a adoção.

Perguntei, então, como era a situação da família antes da adoção.

Vítor disse que não sabia, pois era pequeno; Daniel estudava fora e não estava por dentro da situação; os netos disseram que nem tinham nascido. Então, Heloísa, sensivelmente agitada, falou que achava um desperdício virem até ali fazerem de conta que não sabiam de nada; apesar de nunca terem conversado abertamente sobre o assunto, todos sabiam que os sogros estavam passando por uma fase difícil no casamento, que a sogra estava muito raivosa com Henrique porque era confidente das histórias do pai e que não tinha aceitado o casamento de Henrique e Heloísa, nem a gravidez precoce. Disse, também, de como a sogra forçou Débora a assumir os cuidados com IA. Quando Vilma telefonou para Heloísa para contar a notícia, disse-lhe: "Não é só você que vai ter bebê, também tenho meu troféu!"

Heloísa falou rapidamente e, no final, rompeu em prantos. Rebeca mudou de lugar, sentou-se ao lado da mãe e começou a chorar também. Disse que achava bom pôr para fora essas coisas velhas. Contou que a avó nunca lhe dera bola e que ela e IA nunca conseguiram ser amigas, pois sempre tinha alguém colocando uma contra a outra – as empregadas, a avó, o avô que a tratava como princesa e passava esbarrando em IA como se ela não existisse.

Henrique olhou para mim e disse: "Então, doutora, parece que mexeu em vespeiro! Isso vai ajudar alguma coisa? Não vai servir de mais razão para a mocinha ali fazer mais besteiras?"

Falei que esse era um dos riscos, mas que eu costumava tomar alguns cuidados. Expliquei que Heloísa e Rebeca tinham trazido um pouco dos sentimentos acumulados por mais de 20 anos e que eu acreditava que a melhor forma de lidar com mágoas, raivas, culpas e outros "bichos" era expressar logo depois que surgiam, assim limpando e redefinindo as situações. Entretanto, na maioria das vezes, nós não conseguimos fazer isso; então, essa emoção, essa energia, fica envenenando por dentro. Um dos riscos das sessões de família é trazer tudo isso à tona e machucar todos os envolvidos. Isso, ao invés de ajudar, pode criar novas mágoas, raivas e culpas.

Disse que tinha algumas propostas a fazer, mas antes precisava ver como a mãe dessa turma estava se sentindo com tudo que estava sendo dito e acontecendo. Aproximei-me de Vilma e vi que ela estava chorando de uma forma quase imperceptível. Segurei sua mão e acheguei-me a ela, de forma que sua cabeça ficou próxima do meu corpo. Ela começou a soluçar baixinho e, aos poucos, foi aumentando o choro. IA aproximou-se, ao mesmo tempo em que Rebeca. Saí e deixei IA em meu lugar. Heloísa e Elisa também se aproximaram; depois, Débora e Patrícia.

Após uns minutos, Heloísa, Elisa e Patrícia voltaram para seus lugares. Débora ficou em pé atrás da cadeira da mãe. IA e Rebeca sentaram-se no chão ao lado da cadeira de Vilma.

Os homens, apesar de ser visível a sua emoção, não saíram dos lugares. Disse que gostaria que eles expressassem um pouco do que estavam sentindo, pois as mulheres tinham soltado um pouco da emoção, e eu não queria que eles saíssem da sessão com dor de cabeça. Neto pediu que eu explicasse a colocação e, quando entendeu que uma das hipóteses de dor de cabeça era a emoção de choro presa, brincou que ele entendia por que seu pai vivia com dor de cabeça.

Henrique só falou: "É... Parece que a senhora mexeu..."

Daniel disse que deveria fazer uns 20 anos que não chorava, o que gerou uma reação em todos, pois ninguém tinha percebido seu choro. Ele brincou, dizendo ser especialista em chorar de forma transparente.

Vítor disse não ter chorado, mas que teve vontade de sair da sala, de ir ao banheiro, de acabar com aquela choradeira.

Roberto, por seu lado, falou que começou a lembrar de cenas de 20 e tantos anos atrás, de fatos acontecidos desde que ele estava em contato com essa família.

Fernando disse que achou tudo esquisito; Marcelo, que achou legal; Neto disse que nunca imaginou ver uma choradeira dessas.

Expliquei, então, que existem muitos jeitos de lidar com emoção ou sentimentos trancados e antigos. Uma é trazer à tona, expressá-los. No entanto, eu propunha outra.

Peguei minha caixa de recortes e brinquei que era minha caixa de mágica. Expliquei que cada um deles deveria, sem olhar, pegar uma figura de dentro da caixa. Essa figura simbolizaria as dificuldades e dores com relação à adoção de IA e tudo o mais que estivesse ligado a isso. Comecei, colocando a caixa perto da mãe, que não deu sinais de entender o que eu havia dito ou queria. Repeti, então, para ela, o que eu tinha proposto e disse que ela pensasse forte no que eu tinha dito e que eu tiraria uma figura por ela. Tirei a figura e pus no seu colo.

A caixa foi passando, e cada um tirou uma figura. Pedi a todos que mostrassem o que tiraram, e todos riram e brincaram com o que ia aparecendo. Algumas foram muito impactantes: a que tirei para Vilma era uma mulher toda de preto, levando pela mão uma criança bem colorida. Na frente delas, um fogaréu. A de Débora era uma mulher abraçada a um homem que a segurava pelos braços e três crianças puxavam pelas pernas. A de Henrique era um homem grisalho de costas.

A de IA tinha duas mãos envolvendo uma plantinha. Heloísa tirou uma figura de uma mulher abrindo uma caixa de onde saíam cobras e lagartos. As outras figuras ou eram abstratas ou não explicitavam nada. Expliquei que as figuras seriam só um símbolo, não precisavam dizer nada em especial.

Propus, então, que cada um fechasse os olhos, pegasse sua figura na mão e a apertasse, imaginando que toda a mágoa, dor, culpa e tristeza saíssem do seu campo energético e passassem, através das suas mãos, para a figura. Passados de dois a três minutos, passei um envelope de papel, e cada um foi colocando dentro dele sua figura. Foi difícil pegar a figura de Vilma, pois ela continuava apertando. Lacrei o envelope e dei-o para IA, passando a tarefa de enterrar o envelope o mais fundo possível, num local por onde ninguém da família costumasse passar.

Fiz uma rodada perguntando individualmente como estavam se sentindo após a sessão e se tinham disponibilidade de voltar para, além de auxiliarem IA a desenrolar-se das suas dificuldades, aproveitar para aprender alguma coisa. Todos, com exceção de Vilma que estava novamente alheia ao que acontecia, disseram que estavam com uma sensação de alívio e que viriam mais uma vez.

Encerrei a sessão, agradecendo a presença de todos. Marquei uma próxima sessão individual para IA e uma futura sessão para a família.

Passada uma semana, recebi um telefonema de Débora, contando que a mãe tinha passado muito mal após a sessão. Já tinha melhorado e estava melhor que antes. Tinha pedido para vir falar com a psicóloga. Ela queria saber se era possível. Falei que sim, mas que, por estar fazendo um trabalho com a família, ela deveria avisar a todos do pedido da mãe e do meu aceite. Se, porventura, alguém não estivesse de acordo com a vinda de Vilma sozinha para uma sessão, eu não a atenderia, e seria marcada uma sessão com a família.

Na véspera da sessão, Débora telefonou avisando que a mãe havia caído, estava um pouco machucada e tinha entrado em alheamento novamente, sem dizer coisa com coisa. Não viria à sessão; porém, dois dias antes, ela tinha escrito uma carta para mim, com a desculpa de que não queria esquecer nada do que desejava me falar. Débora conversou com os irmãos, e pensaram em mandar-me a carta.

Dois dias depois, recebi a seguinte carta:

Querida doutora,

Atrevo-me a chamá-la de querida, pois a senhora foi a pessoa que mais me ajudou nesta vida.

A consulta que eu tive com a senhora fez lembrar-me de dores e tristezas que não gosto de recordar. Lembrei da raiva e mágoa que sempre tive do meu marido. Ele me comprou do meu pai. O pai dele tinha muito dinheiro, e o meu pai devia para ele; então, meu sogro propôs que eu ou minha irmã casasse com o filho dele e ele desculparia a dívida do meu pai. Minha irmã não aceitou, pois estava apaixonada pelo meu cunhado, e eu aceitei, pois achava o Rubens muito bonito e eu gostava já dele; achei que, se ele tinha aceitado a proposta, era porque ele gostava de mim. Ele foi educado e brincalhão comigo, e os preparativos do nosso casamento foram tranquilos; fomos para a Europa na lua-de-mel, e eu não tinha nada para me queixar. Porém, assim que começamos nossa vida do dia a dia ele não dava a mínima atenção para mim, saía sozinho, não me incluía na vida dele fora de casa. A primeira vez que me queixei, ele foi bem claro: tinha comprado uma mulher prendada para ser uma boa dona de casa e saudável para ser mãe dos filhos dele. Alegria e diversão, ele não precisava de mim para ter. Assim foi nossa vida; eu me conformei e, depois que comecei a ter filhos, não foi tão ruim. Eu tinha ocupação o dia todo, tinha dinheiro para o que quisesse, aprendi a desenvolver atividades e ter amigas que me ajudavam a passar o tempo e me distrair. Todo mundo sabia que o Rubens tinha outras mulheres, mas eu fazia de conta que não sabia e nunca permiti que alguém me contasse. Aprendi a engolir e tirar proveito dos pequenos prazeres da vida. Só algumas vezes, deixei minha raiva vir à tona. Uma vez, quando meu pai se queixou que eu era fria com ele e não o visitava depois que minha mãe morreu, eu tive um ataque de choro e falei muitas coisas para ele, da mágoa e raiva que eu tinha por ele ter me vendido. Ele chamou um médico e me deram uma injeção para dormir; ele não contou para ninguém o que eu disse, e eu nunca mais falei com ele, a não ser o estritamente necessário. Outra vez foi quando eu estava grávida de seis meses do Vítor e estava me sentindo muito bonita e feliz; estava saindo da casa do meu sogro só com o Rubens, e uma mulher veio falar com ele e disse que agora ele não precisava mais ficar comigo, pois a outra, além de dar prazer, agora também ia dar um filho para ele. Eu me assustei e nem sei como ele me colocou no carro, me deixou na porta de casa e saiu sozinho. Eu enlouqueci de raiva e, quando ele voltou horas depois, eu tinha quebrado um monte de coisas dentro do quarto, sem fazer muito barulho para as crianças não acordarem. Ele não me deixou falar; quando eu insisti, ele disse que sempre tinha sido educado e gentil comigo, mas que se eu falasse alguma coisa, ele ia me bater. Eu sabia as condições do nosso casamento e não tinha do que reclamar. Eu desmaiei de raiva e acordei no hospital, onde fiquei 15 dias sem comer e sem querer viver. Só melhorei porque meus filhos vieram me visitar e eu lembrei-me deles. A outra vez foi na véspera de me darem a Izabel Augusta. O Rubens veio me dizer que ia viajar e ficaria fora vários dias; eu brinquei que ele ia levar a namorada junto, e ele me disse: "Não, ela teve bebê e eu não quero mais saber dela". Enlouqueci de novo, de raiva e humilhação, e comecei a gritar; ele me segurou forte e disse que eu tinha sido uma boa esposa por todos aqueles anos e que não seria agora que ele ia permitir que eu estragasse a vida dele. Era para eu arranjar alguma coisa nova para fazer, ou quem sabe um amante, que eu não era de jogar fora, que ele não queria saber de choros e gritos. Ele viajou e, no dia seguinte, eu estava ainda meio tonta com tudo quando me apareceram com aquele bebezinho. Meu primeiro pensamento foi de que seria uma forma de eu ter o que fazer; em seguida, pensei que ela podia ser a filha do Rubens que ele não queria e cuja mãe tinha abandonado; então, achei que seria uma boa vingança.

Nunca me arrependi de ter adotado a IA, pois ela sempre foi uma gracinha. Quando ela começou a dar problema, pensei que era um castigo para mim, por eu ter querido me vingar do Rubens. Algumas vezes em que eu pensava que ela era infeliz, eu ficava culpada e, por isso, não queria vê-la triste ou doente. Nessas vezes, eu mandava minha filha cuidar dela.

Quando ela caiu de vez na vida, eu fiquei desesperada, mas engoli; agora, fico dormindo a maior parte do tempo e não sei direito o que está acontecendo.

Agora, tenho sentido que ela está mais esperançosa, ou será que sou eu que estou esperançosa? Eu me acostumei a não ter esperança, a achar que as coisas não tinham saída. Aquele dia, no seu consultório, eu vi meu pai e o Rubens lá, e eu pensei que o único jeito de salvar a IA dessa confusão era se eu perdoasse esses dois homens que foram tão ruins comigo. Eu não lembro se eu pensei isso ou foi a senhora que me disse isso quando eu vi os dois lá. Quando eu apertei a figura na minha mão, eu queria muito perdoar eles. E fiquei muito aliviada.

Eu vou ao seu consultório para contar-lhe tudo isso e outras tristezas menores que eu tive na minha vida, com os meus filhos homens que nunca gostaram de mim. Depois que eu for aí, nunca mais vou lembrar-me dessas tristezas e nem ficar culpada. Sinto como se fosse me confessar; a senhora vai passar uma penitência, e eu vou ficar perdoada e livre.

Eu escrevi para não esquecer, mas vou deixar com a senhora essa carta para, talvez, dar para a IA ler. A senhora decide o que fazer.

O encontro com uma nova família sempre reedita minhas crenças como terapeuta de família. Acredito que dificuldades e problemas sempre existirão e que vir à terapia de família, principalmente quando o desencadeante da vinda foi um adulto sintomático, não vai resolver todas as questões. No entanto, tenho crença, fé e tempo de trabalho para ter certeza de que a experiência e a vivência emocional, compartilhadas no espaço da sessão de família, criam uma possibilidade de seus membros relacionarem-se consigo mesmos e com os outros, com novos e relevantes dados.[29]

Ao entender a família como um sistema, um círculo, em que cada um tem sua participação e responsabilidade, influenciando-se reciprocamente, independente da idade, o terapeuta fornece a ela maior movimentação e possibilidade de reorganização, saindo da noção de causa e efeito que

29 WHITAKER; BUMBERRY. *Op. cit.*, p. 41.

conduz a um pensamento linear e vertical, em que um é culpado ou carrasco, e o outro o inocente ou a vítima.[30]

Quando uma família vem para a terapia porque já sabe que tem dificuldades conjuntas e necessita de ajuda para superá-las, a primeira sessão do grupo concentra-se em definir com clareza o que está acontecendo, com quem, como, onde... A partir desses dados, definir também um objetivo e firmar um contrato de trabalho. No caso dessa família, não havia clareza ou compreensão de que a tarefa era conjunta. Minha escolha foi, então, realizar uma sessão para possibilitar uma vivência de situações ou emoções diferentes do usual. Isso facilitaria sua adesão às tarefas e a vinda a outras sessões.

A ocupação dos espaços da sala, a posição e os lugares das pessoas são outros dados de leitura e levantamento de hipóteses. Eles, por si só, podem não significar nada, mas são mais algumas peças que, em algum momento, podem ser definitivas para a leitura do quebra-cabeça de relações e funcionamentos.

A compreensão racional dos mecanismos de funcionamento ajuda uma família a reorganizar-se; porém, nos processos familiares, sempre existe uma carga de emoção represada, muitas coisas não ditas e muitas mágoas ressecadas que não são resolvidas só com o trabalho racional. Para fazer circular sem o risco de trazer à tona emoções que vão desencadear novas e sérias crises após a sessão, criei uma série de técnicas que se aproximam da teoria básica dos

30 GROISMAN. *Op. cit.*, p. 69.

rituais terapêuticos[31*] e que possibilitam expressar essas emoções sem a necessidade de explicitá-las.[32]

Com essa intenção[33], propus o trabalho com as figuras. Quando a família vem junta ao consultório, traz o desejo de parar com o que está doendo; porém, ao mesmo tempo, tem medo de abandonar os padrões conhecidos e lidar com o vazio ou com dor maior ou diferente. Este é um dos maiores desafios do terapeuta: trazer à tona os conflitos, ajudar a família a ver e lidar com as dificuldades, mas com compaixão.

O terapeuta precisa estar atento e aberto para levantar hipóteses, suportando a impossibilidade de enxergar todos os ângulos. Planejar uma sessão de família é um dos requisitos para ser eficaz como terapeuta, mas a arte da terapia só acontece se for possível encaixar o inusitado na programação.[34] Uma intervenção do terapeuta, apesar de parecer definitiva ou conclusiva, não deixa de ser uma hipótese que será confirmada ou não com o desenrolar da terapia.

A utilização do toque físico no cliente pode ser um desencadeador de emoções e situações contidas e represadas. Sentir-se à vontade para fazê-lo pode trazer para a terapia novos recursos, novos potenciais de ação e emoção. Entretanto, sempre é importante ter clareza de "para quê" fazê-lo, pois é responsabilidade do terapeuta lidar com essa

31* Sobre a Teoria dos Rituais Terapêuticos, ver **Rituales terapéuticos y ritos en familia**, de E. IMBER-BLACK, J. ROBERTS e R. A. WHITING.

32 ANDOLFI; ANGELO. *Op. cit.*, p. 96.

33 GROISMAN; LOBO; CAVOUR. *Op. cit.*, p. 68.

34 GROISMAN. *Op. cit.*, p. 92.

emoção de forma que o cliente possa fazer bom uso da experiência, integrando-a com seu funcionamento, sua vida, suas dificuldades. É a diferença entre uma catarse* desnecessária e um trabalho realmente terapêutico.

Da mesma forma, tarefas irracionais ou sem sentido claro podem e devem ser usadas, desde que se compreenda que elas vão lidar com emoção, energia, inconsciente, e não com interpretações lineares e racionais. O uso dessas intervenções abre um espaço de flexibilização e criatividade, desde que não sejam prejudicadas pelo desejo de compreender questões que são incompreensíveis. Isso tiraria o valor e a possibilidade da técnica.

A técnica que usei na sessão (retirada das figuras e trabalho com elas) tinha a intenção de marcar aquele momento relacional e emocional da família, qualificar as emoções vividas, sem esquecer ou passar por cima. Porém, não permitir que uma catarse na sessão trouxesse mais dificuldades para os membros da família (por exemplo: saírem com a emoção à tona e desencadearem, fora da sessão, situações difíceis de controlar e que poderiam pôr a perder o movimento de vir à terapia). Portanto, o conteúdo das figuras tem pouco significado. O ato em si é que é importante.

Um cuidado importante no atendimento de famílias é relacionado aos contatos extra-sessão com membros isolados. Para que se faça qualquer mudança no encaminhamento,

---

* Conforme a Teoria Psicodramática, na Catarse de Integração, além da descarga de energia e de emoção, existe uma ligação entre o vivido na sessão e o padrão de funcionamento e as mudanças do cliente no dia a dia.

todos os membros devem ser consultados ou, pelo menos, informados do que está acontecendo. Qualquer descuido pode servir de álibi para um ou outro membro acionar as defesas e dificuldades da família em lidar com as questões familiares e colocar um final no processo familiar.

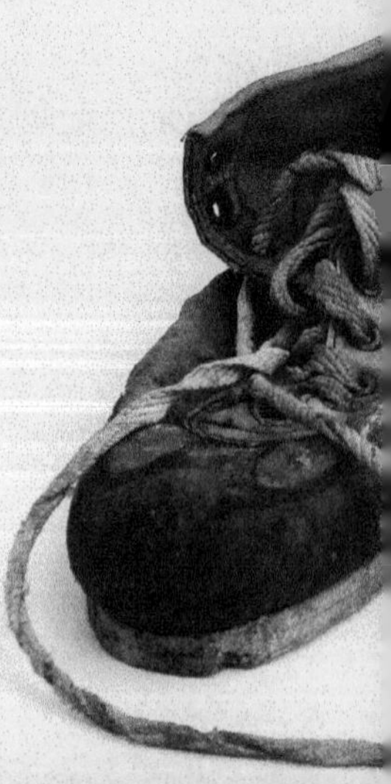

6

Circulação dos acontecimentos

NESSA SESSÃO, CONVERSAMOS e analisamos todos os acontecimentos dos três meses passados. IA estava muito envolvida com a família, pois a mãe estava bastante doente, e eles tinham decidido que todas as noites um dos filhos ou netos dormiria com ela. Não era exatamente uma necessidade, pois a família tinha enfermeiras que trabalhavam em turnos, mas a ideia havia surgido, e todos concordaram. IA não sabia quem deu a ideia, mas sabia que surgiu numa tarde em que se encontraram todos (o que era raro), para almoço em comemoração ao batizado de Ricardo, filho caçula de Vítor.

Essa decisão fez com que todas as noites uma pessoa da família estivesse dormindo na casa. Como a mãe não precisava de atendimento, IA ficava até altas horas conversando com a pessoa, diferente a cada noite. Com isso, IA ficou acordada sempre até muito tarde. Em compensação, manteve conversas que nunca havia imaginado com determinadas pessoas. Conversaram sobre a vida,

suas coisas e outras histórias menos importantes, mas muito agradáveis.

Os familiares também a tinham procurado mais. Heloísa chamou-a para almoçar, num dia em que Henrique não estava, e pediu desculpas pelo que havia dito na sessão. Tiveram uma conversa de gente para gente, e não de adulta para criança louca, como costumava ser. Elisa pediu para IA cuidar dos sobrinhos num final de semana em que viajaram e as crianças estavam apenas com a babá. Henrique chamou-a ao escritório para falar de um dinheiro que ela ia receber; isso era muito diferente, pois ele costumava mandar recados por Débora.

IA disse não estar conseguindo pensar sobre todas essas coisas; desde a sessão de família, tinha a sensação de que sua cabeça estava cheia de ar. Não conseguia pensar direito, fazer planos, não estava conseguindo acompanhar o que acontecia fora e o que acontecia dentro dela. Só sabia que, pela primeira vez em sua vida, tinha conseguido dormir uma noite inteira, um sono só, sem acordar. Isso tinha acontecido após enterrar o envelope com as figuras. Na primeira noite, não conseguiu dormir, teve muitos pesadelos e insônia; a partir do dia seguinte, tem dormido como nunca, e isso faz com que acorde descansada e animada, mesmo quando ficava conversando até tarde.

Retomei, então, o recado por e-mail sobre a iminência de recaída, enviado antes da sessão de família. IA contou que, realmente, pensou em procurar droga, que teve algumas noites de desespero, acordando com sentimentos muito intensos de medo, angústia, solidão. Teve muita vontade de beber e sair em busca de cocaína, mas conseguiu se controlar, sem saber como. Quando passou a mensagem, estava assustada com o risco de recair na droga; por outro lado, queria me testar. Queria saber se eu não daria resposta, se eu não ficaria assustada com o risco de ela recair de verdade e se eu reagiria diante da hipótese de perder um trabalho. Contou que a barra pesou mesmo no dia seguinte ao envio da mensagem. Amigos foram até sua casa levando droga, como costumavam fazer, e ela teve de decidir se cheirava ou não. Conseguiu resistir.

Contou, também, ter descoberto que sempre que tira a roupa e entra no chuveiro começa a pensar em droga, em como pode consegui-la, o que pode fumar ou beber. Isso sempre lhe passou despercebido, mas reparou que acontecia todos os dias. Ficou atenta com o que eu tinha lhe dito na primeira sessão, sobre o uso de droga ser apenas a ponta do iceberg. Eu havia lhe dito que precisava prestar atenção e descobrir o motivo e a intenção com que usava a droga – drogar-se facilitava manter seu padrão infantil de fugir da realidade, das responsabilidades. Ela, de fato, começou a prestar atenção aos sentimentos que tinha na hora do desejo da droga.

Começou a lembrar como se sentia sozinha e abandonada quando era pequena e tinha de tomar banho sozinha. Não consegue se lembrar de ter alguém com ela na hora do banho. Deu-se conta de que sempre que fazia alguma coisa errada, mandavam-na tomar um bom banho. Combinamos, então, que ela ficaria atenta a esses sentimentos. Cada vez que eles aparecessem, sairia imediatamente do banho, escreveria tudo o que sentia e viesse à sua mente. Depois, voltaria para terminar o banho e, em seguida, queimaria o papel com os escritos. Ficaria cuidadosa com suas atitudes durante todo o dia.

Conversamos, então, sobre a carta de sua mãe. Falei que era uma carta intensa e que eu não sabia o que fazer com ela, apesar de saber que poderíamos tirar dali um bom uso. Decidimos, por sugestão de IA, que colocaríamos o assunto na sessão de família.

Izabel passou o resto da sessão relatando fatos de sua infância, quando se sentia sozinha e excluída, e como essas lembranças voltavam agora quando estava mais perto das pessoas da família. Eram cenas corriqueiras do dia a dia, das quais tinha até esquecido, mas agora lembrava. Elas traziam-lhe o sentimento de ser desqualificada e não ser amada. Como exemplos, quando estava sentada no banco ao lado do fogão para se aquecer e Vítor disse-lhe para sair, pois ele queria se aquecer; ele era homem e era da família (tinha em torno de cinco anos); quando, ao invés de pegar um só bolinho, pegou vários, e Daniel disse que, por mais que lhe dessem coisas e comida, ela sempre pareceria uma morta de fome (mais ou menos oito anos); quando ela e Rebeca foram fazer a Primeira Comunhão e ouviu Heloísa dizendo para a costureira que caprichasse na roupa da sua filha, para que ela ficasse mais bonita que a da outra (dez anos); quando Débora explicou para a mãe de Roberto que a carregava sempre junto porque não tinha ninguém que se interessasse em cuidar dela (cinco anos); quando o pai morreu, e os filhos tiveram uma discussão sobre se existia, legalmente, uma forma de IA não receber herança do mesmo tamanho que os outros.

Fazer uma prescrição de recaída e alertar para esse risco são estratégias sistêmicas muito diferentes. No entanto, ao usar qualquer uma delas, o terapeuta deve ficar atento ao efeito da prescrição e ao uso que o cliente pode fazer dela. São prescrições fortes, mas perdem totalmente o efeito se deixadas soltas. Explicar a existência e a inevitabilidade das recaídas é uma forma que só será adequadamente usada se for monitorada para tornar o cliente cada vez mais consciente e responsável por seu processo.

No trabalho relacional sistêmico, os sintomas são compreendidos como formas de mapear os pontos que precisam ser reorganizados. Portanto, os sintomas são usados como rastreadores do processo e vão mostrar o funcionamento do cliente. Assim, qualquer sintoma é compreendido não no seu conteúdo, mas no significado sistêmico que tem. Quando digo que o uso de droga é só a ponta do iceberg, estou abrindo espaço para definir que não vou focar na drogadição, e sim no funcionamento do sistema.

No atendimento de famílias, esse é um dos pontos importantes que definirão se a terapia será reestruturante ou não. Quando o terapeuta consegue deixar isto claro – que não importa o tipo do sintoma, mas qualquer sintoma aponta para a forma como as pessoas relacionam-se e funcionam –, e a família consegue compreender, abre-se a possibilidade de um processo terapêutico de mudanças efetivas, ou seja, mudança nos padrões de funcionamento.

No trabalho com os clientes, procuro não fazer interpretações dos conteúdos, mas marcar e levantar possibilidades das relações entre sintomas, funcionamento, sentimentos. Faço isso usando metáforas, analogias ou explicando diretamente, assim como fiz com IA ao falar sobre uma das possíveis funções do uso de drogas.

Entre as muitas tarefas de tornar-se adulto, o controle das compulsões de funcionamento é talvez a mais difícil. A partir do momento em que IA relaciona a hora do banho com solidão e desejo de drogar-se, instituo uma tarefa ritual para desenvolver sua capacidade de ficar atenta às situações, às emoções e, assim, poder controlar seus sentimentos e impulsos.

7 Árvore genealógica

Essa sessão foi marcada no final da primeira sessão com a família. O primeiro objetivo era o de reunir o grupo e continuar o processo envolvendo a todos. No entanto, eu não sabia claramente o que fazer. Preparei três possibilidades de trabalho e decidi que pediria aos presentes que escolhessem o caminho (trabalhar a partir das reações e emoções da carta da mãe, das questões concretas que estavam acontecendo ou construir uma Árvore Genealógica).

Vieram Henrique, Heloísa e Rebeca; Daniel, Angela, Marcelo e Diogo; Débora e Patrícia; Vítor e Elisa; IA.

Começaram falando sobre o impacto da sessão de família sobre cada um, o que tinham refletido e o que tinha acontecido. De um modo geral, tinham ficado emocionados com o ocorrido na sessão, mas não entendiam direito seu significado. Henrique e Daniel disseram que, por sua própria vontade, não viriam mais, mas acabaram por ouvir os argumentos das outras pessoas e ficaram curiosos para ver o que aconteceria. Débora e Heloísa foram firmes ao dizer que ficaram com medo do que poderia ser

desencadeado, mas tinham confiança e esperança de que todos poderiam se beneficiar com um trabalho conjunto.

Todos foram unânimes em dizer que queriam a melhora de IA e que era a última vez em que se envolviam em seus problemas.

Apresentei as três hipóteses de trabalho, e eles escolheram fazer uma Árvore Genealógica da família.

Fomos escrevendo os dados no quadro e uma maquete numa cartolina grande. Todos trabalharam e trouxeram os dados que conheciam. Trataram dos dados objetivos – nascimento, morte, profissão, tipo de relação – e do que estava acontecendo no momento presente.

Começaram fazendo um relato das avós, Izabel (filha única de um italiano que veio para o Brasil e enriqueceu plantando café no estado de São Paulo) e Augusta (descendente de portugueses e filha mais velha de um comerciante da cidade onde todos moravam). Falaram do casamento das duas. Izabel casou-se com Guerino, filho de italianos que morava no interior de São Paulo. Depois que se casaram, vieram para essa cidade do interior de Santa Catarina, onde Guerino começou com um curtume e, aos poucos, foi construindo outras empresas. Augusta casou-se com Antônio, empregado de seu pai. Quando casaram, montaram uma filial da loja do seu pai e separaram-se dele. Os filhos que tiveram foram só citados (Izabel e Guerino tiveram Rubens, Elvira e Matilde; Augusta e Antônio tiveram Armando, Célia, Vilma e Alcindo) e não incluídos na maquete.

Registraram os dados concretos do casamento dos pais, Vilma e Rubens, em 12 de maio de 1951. Ela estava com

19 anos, e ele com 25. Não incluíram os dados que vieram com a carta da mãe.

O nascimento de cada um dos filhos foi relatado sucintamente. Logo, passaram para o casamento de Henrique; aos dados sobre Heloísa; ao nascimento de Rebeca, Neto e Gabriela. Henrique e Heloísa eram namorados quando ele cursava o segundo ano de Administração de Empresas. Como engravidaram, ele parou a faculdade e foi trabalhar com o pai. Casaram em maio de 1974; ele com 21 anos, e ela com 17. Heloísa continuou estudando até terminar o Segundo Grau, dias antes de Rebeca nascer, em 17 de dezembro de 1974. O nascimento de Neto, em março de 1979, foi planejado e muito festejado por ser homem. Gabriela veio sem ser esperada, em setembro de 1984.

Depois, vieram o casamento de Daniel com Angela, os dados dela e o nascimento dos filhos Marcelo e Diogo. Casaram-se em maio de 1981; ele com 24 anos, e ela com 22. Ele tinha se formado no ano anterior, em Farmácia e Bioquímica, e ela tinha terminado a faculdade de Letras. Mudaram-se para a cidade da família dele, que montou um laboratório e uma farmácia. O nascimento de Marcelo, em novembro de 1983, e o de Diogo, em dezembro de 1985, não foram planejados, mas o casal estava querendo.

A seguir, o casamento de Débora e Roberto, e o nascimento de Fernando e Patrícia. Eles casaram-se em setembro de 1978, após cinco anos de namoro; ele com 22 anos, e ela com 19. Roberto acabara, em julho, a faculdade de Engenharia Civil e trabalhava numa construtora. Ela terminara o Segundo Grau. Fernando nasceu em junho de 1980, e Patrícia, em junho de 1982. Também não planejaram, mas estavam querendo.

Seguiram com o casamento de Vítor e Elisa e com o nascimento de Vítor Júnior, Isabela e Ricardo. Casaram-se em dezembro de 1990; ele com 26 anos, e ela com 22. Ele é engenheiro agrônomo e tem uma granja. Ela também tinha acabado de se formar e, após o casamento, foi trabalhar com ele. O primeiro filho, Vítor Júnior, nasceu em fevereiro de 1993, apesar de quererem um filho desde o início. Isabela nasceu em dezembro de 1994, sem ser esperada, e Ricardo, em julho de 1996, também de surpresa.

O casamento de Rebeca com Eduardo e o nascimento de Camila vieram a seguir. Casaram-se em junho de 1994; ele com 27 anos, e ela com 19. Moraram um ano em outra cidade, onde ele tinha consultório; quando ela engravidou de Camila, mudaram-se para a cidade da família dela, onde ele

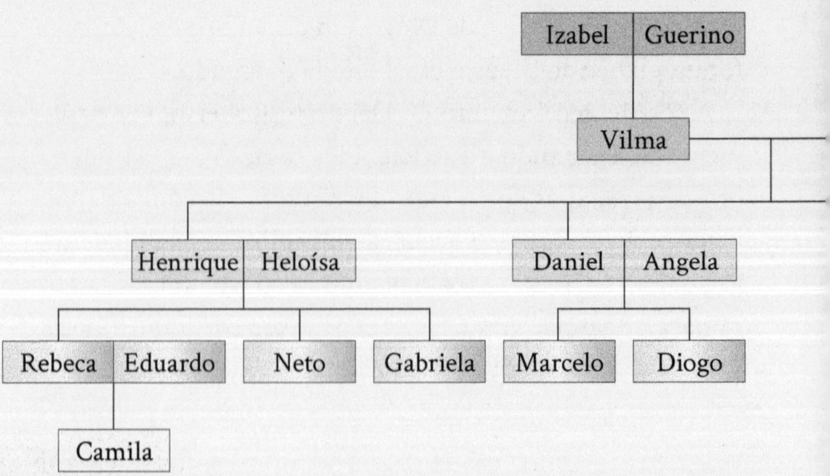

montou um novo consultório. Rebeca terminou a faculdade de Pedagogia. Camila nasceu em maio de 1995.

O trabalho foi intenso, mas objetivo. Brincavam um pouco, mas estavam todos controlados. Quando terminamos, e perguntei como tinham se sentido fazendo essa atividade, Marcelo disse que tinha achado chato, e Elisa disse que, se os outros estivessem presentes, talvez tivesse sido mais interessante, pois poderiam dizer o que sentiam com relação a pertencer àquela família etc. A sensação de todos era de que ficou faltando algo. Que iriam embora sem levar algo forte, como aconteceu na primeira sessão.

Sugeri – e eles aceitaram – uma próxima sessão de família, na qual viriam todos que pudessem e trabalharíamos as entradas e saídas da família, num nível mais da emoção, e não do relato objetivo.

Daniel resolveu levar a maquete e melhorar a apresentação.

Figura 1 – Árvore genealógica

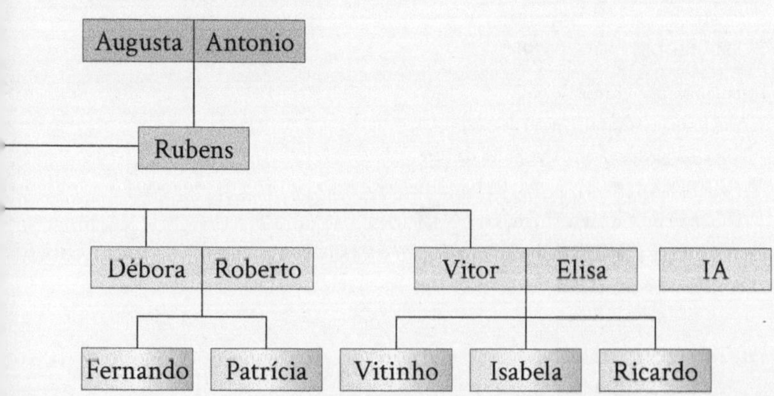

Encerrei a sessão, conversando sobre a carta da mãe. Eles, como não sabiam o que fazer com ela, resolveram fazer uma cópia para cada um dos filhos e, futuramente, decidiriam se fariam alguma coisa.

QUADRO 1 – A FAMÍLIA DE IA, EM JUNHO DE 1997

Nome	Parentesco	Nascimento		Idade	Escolaridade	Ocupação
Vilma	mãe	jul.	1932	64	2º grau	do lar
Rubens	pai	nov.	1926		2º grau	empresário*
Henrique	irmão	jan.	1953	45	universitário**	empresário***
Heloísa	cunhada	fev.	1957	40	2º grau	empresária****
Daniel	irmão	out.	1957	40	3º grau	farmacêutico
Angela	cunhada	abr.	1959	38	3º grau	empresária****
Débora	irmã	maio	1959	38	2º grau	decoradora
Roberto	cunhado	dez.	1955	41	3º grau	eng. civil *****
Vítor	irmão	ago.	1964	33	3º grau	eng. agrônomo
Elisa	cunhada	fev.	1968	29	3º grau	eng. agrônomo
Izabel Augusta	-	set.	1974	22	2º grau	-
Rebeca	sobrinha	dez.	1974	22	3º grau	professora
Eduardo	sobrinho	maio	1967	30	3º grau	odontólogo
Neto	sobrinho	mar.	1979	18	universitário**	estudante
Gabriela	sobrinha	set.	1984	13	1º grau	estudante
Marcelo	sobrinho	nov.	1983	14	1º grau	estudante
Diogo	sobrinho	dez.	1985	12	1º grau	estudante
Fernando	sobrinho	dez.	1980	17	2º grau ******	estudante
Vitinho	sobrinho	fev.	1993	4	-	-
Isabela	sobrinha	dez.	1994	2	-	-
Ricardo	sobrinho	jul.	1996	1	-	-
Camila	sobrinha	maio	1995	2	-	-

* Trabalhava na empresa do pai.

** Estudante de Administração de Empresas.

*** Trabalha nas empresas que eram de Rubens.

**** Heloísa e Angela são sócias, têm uma floricultura.

***** É também empresário, tem uma construtora.

****** Pretende prestar vestibular para Engenharia Civil.

Quadro 2 – Os casamentos na família de IA

Casal	Casamento		Idade	
			dela	dele
Vilma e Rubens	dez.	1951	19	25
Henrique e Heloísa*	maio	1974	17	21
Débora e Roberto**	set.	1978	19	22
Daniel e Angela	maio	1981	22	24
Vítor e Elisa	dez.	1990	22	26
Rebeca e Eduardo	jun.	1994	19	27

* Casaram grávidos.

** Namoravam desde 1973.

Quando propus o trabalho com toda a família, não tinha um objetivo claramente definido no sentido de saber o que eles estavam precisando aprender. Então, defini as sessões a partir da certeza de que se eles vivessem experiências juntos, poderiam compartilhar sentimentos e vivências e ampliar o espaço de trocas e intimidade. Por essa razão, iniciei a sessão de família deixando para eles escolherem o caminho objetivo a seguir dentro das três possibilidades que tinha preparado. Citando Virginia Satir[35],

> Quando se usa o modelo de crescimento, é preciso que se esteja disposto a ser mais experimentador e espontâneo que a maioria dos terapeutas. A necessidade de flexibilidade na técnica e na abordagem, incluindo-se contato particularmente direto e íntimo

35 SATIR, V. **Terapia do grupo familiar.** Rio de Janeiro: Francisco Alves, 1977. p. 266.

> entre o paciente e o terapeuta, é considerada como ponto básico. A terapia de crescimento está baseada na premissa de que é possível ensinar as pessoas a serem congruentes, a falarem direta e claramente e a comunicarem seus sentimentos, pensamentos e desejos acuradamente, a fim de serem capazes de lidar com as coisas tal como elas são.

Também acreditei que, independente da técnica e dos caminhos escolhidos, eu poderia "ver" o padrão de funcionamento da família e, assim, realinhar os objetivos terapêuticos.[36]

O momento em que delego à família a escolha do caminho é importante, pois estou qualificando sua participação e seu conhecimento da família, avaliando o seu comprometimento na tarefa. Porém, faço isso mantendo a direção na minha mão.[37]

Ao decidirem trabalhar com a Árvore Genealógica, escolheram me apresentar os dados da estrutura familiar. Isso confirma que existe um desejo de mostrar como funcionam, bem como de dar os dados históricos desencadeantes da situação atual.[38] Por outro lado, utilizando os dados da história da família, crio uma forte ligação com ela. Isso é um requisito importante para a continuação da terapia.

36 ANDOLFI; ANGELO. *Op. cit.* p. 94. ANDOLFI, 1991. *Op.cit.*, p. 67. GROISMAN. *Op. cit.*, p. 26.

37 ANDOLFI, 1991. *Op. cit.*, p. 74.

38 ANDOLFI *et al. Op. cit.* p. 39.

Vários terapeutas de família usam o recurso do Genetograma na compreensão e no trabalho. O que eu chamo de Árvore Genealógica é um parente próximo do Genetograma, mas é mais focado nas relações que a família apresenta ao realizar a tarefa, nos trabalhos futuros que possibilita, do que no trabalho efetivo com as outras gerações.[39] Na coleta das informações, o terapeuta tem uma representação gráfica da estrutura familiar e, sobretudo, dos diversos planos geracionais e das ligações significativas.[40]

Apesar de ter sido uma sessão calma, foi importante para que eu os visse trabalhando juntos. Havia um nível de entrosamento e respeito que me sinalizou uma estrutura de funcionamento sem muita agressão ou desqualificação. O "tom" foi afetivo e de confiança.[41]

---

39 CARTER, B.; MCGOLDRICK, B. M. **As mudanças no ciclo da vida familiar.** São Paulo: Artes Médicas, 1995. p. 144.

40 ANDOLFI, 1996. *Op. cit.*, p. 37.

41 ANDOLFI; ANGELO. *Op. cit.*, p. 27.

8

A família biológica

IA CHEGOU A essa sessão com uma aparência que lembrava sua apresentação na primeira vez que a vi: mal vestida, o cabelo um pouco preso e outro solto, sem pintura.

Logo na entrada, começou a contar que a última sessão de família foi desagradável para ela. Teve, em muitos momentos, o desejo de sair da sala, um impulso de ser irônica ou maldosa com as pessoas. Só não agiu assim porque já está se acostumando, nesses momentos de mal-estar, a refletir e tentar buscar a emoção que está por baixo do impulso que tem. No dia da sessão, ela não conseguia saber qual era a emoção; só conseguia entrar em contato com o mal-estar, com uma sensação de não pertencer àquela confusão de pessoas que falavam ao mesmo tempo e movimentavam-se sem parar. Tudo lhe desagradava.

Após a sessão, não conseguia mais dormir direito. Tinha a sensação de que estava voltando a ser e a sentir-se como no início

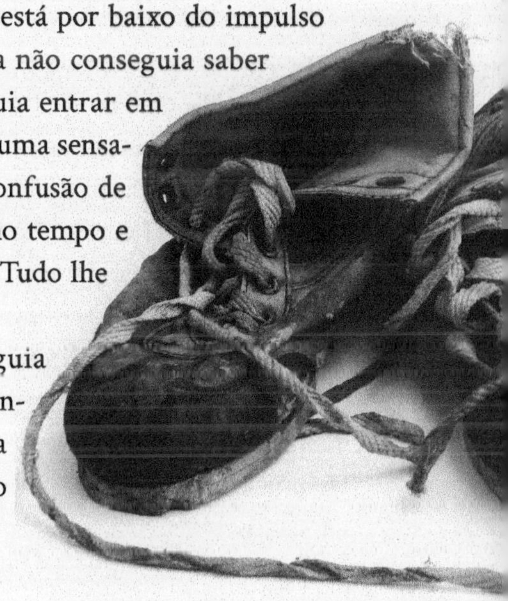

da terapia; achava que estava diferente, mas sentia que algo era muito parecido com o tempo em que usava drogas e outras coisas. Como não dormia direito à noite, passou a fazer confusão com os horários, dormir a manhã toda, faltar aos compromissos que assumia com familiares ou amigos e a sentir-se rejeitada, criticada e culpada. Tinha a fantasia de estar suja e feia; precisava tomar banho várias vezes ao dia e lavar-se o tempo todo. Parecia que uma avalanche estava caindo em cima dela.

Além disso, não suportava o contato com a mãe. Olhar para ela desencadeava mal-estar. Quando a mãe estava mais consciente e tocava, mesmo levemente, em seu corpo, tinha o desejo de soltar-se, bater nela e sair correndo. Chegou a passar seis dias sem ver a mãe, mesmo estando o tempo todo em casa. Passou mal, muito mal. Não conseguia refletir sobre os sentimentos; só percebia o mal-estar. Fisicamente, perdeu peso, tinha náuseas o tempo todo, teve dois furúnculos.

Depois de ler num livro o que significavam seus sintomas, conseguiu refletir sobre seus sentimentos. A leitura deu dicas do que poderia estar acontecendo. Tinha alguma consciência de um sentimento de solidão, de raiva, de frio, mas nada muito concreto. Continuou sentindo as mesmas coisas, mas deixou de ficar desesperada. Ficou mexida quando percebeu que, desde a sessão, não tinha bebido, quase não tinha fumado (tinha náuseas quando acendia um cigarro) e nem uma vez tinha tido o impulso de ir buscar cocaína.

Passou o mês nessa confusão, até que, na véspera, quando levantou e já eram 2h da tarde, começou a organizar o que tinha acontecido no intervalo das sessões para contar-me.

Pensando nisso, foi tomar banho. Ao tirar a roupa, lembrou--se de que, durante o mês, não tinha se repetido o fato de, pensar em ir buscar droga na hora do banho. Imediatamente, teve um acesso de tosse, que acabou em vômito. Vomitou por horas e horas. Inicialmente, era um líquido escuro, quase preto, meio viscoso, que grudava no vaso sanitário como se fosse cola. Pediu ajuda para uma das empregadas, que se assustou e chamou a irmã, Débora. Ela, também assustada, chamou um médico. Quando ele chegou, o vômito já era mais claro e líquido, como se fosse coca-cola aguada. Ele medicou-a, mas o vômito não parou totalmente; só se tornou menos frequente.

Assim, ela passou a noite, num sono intranquilo, interrompido por jatos de vômito, que foi ficando cada vez mais claro e líquido, mas ainda em grande quantidade. Quase toda a família foi vê-la. Alguns conversaram com ela; outros, ela só tem a sensação de que viu por ali.

Quando amanheceu, Henrique perguntou se ela queria desistir de vir à sessão. Ela respondeu que viria de qualquer forma. O irmão, então, decidiu que ela viria num dos carros dele, por ser grande, com motorista, e viria tomando soro, por recomendação do médico. Uma pessoa deveria acompanhá-la, e Angela prontificou-se. IA ainda vomitou duas vezes na viagem; agora, sentia-se melhor.

Numa das vezes em que acordou durante a noite, para vomitar, ouviu Débora conversando com o médico. Ela contava que, quando IA tinha 10 dias, passou a não aceitar a mamadeira e começou a vomitar preto. Ficou assim durante três dias. Perguntei se ela já sabia disso, e ela respondeu que não, assim como não sabia de muitos outros fatos e detalhes do começo de sua vida.

Perguntei, então, quais eram suas fantasias. Ela contou-me que, nos últimos dias, esteve pensando muito sobre isto, lembrando como eram suas fantasias e seus pensamentos sobre sua família real. Recordou que, ainda menina, pensava que sua família era especial, que ela tinha sido raptada e, quando menos esperasse, viriam buscá-la. Às vezes, nesse ponto, pensava que seria muito rica e poderosa e daria muitos presentes a todos que cuidaram dela. Outras vezes, pensava que seria muito rica e poderosa e iria se vingar de todos que cuidaram dela.

Na adolescência, tinha certeza de que era filha do seu pai e de uma bailarina, que não a queria, pois estragaria sua carreira. A suposta mãe teria pensado em vendê-la para mandá-la ao exterior, mas seu pai salvou-a, mandando-a de presente para Vilma. Um pouco mais tarde, não pensava muito no assunto. No entanto, quando o fazia, as fantasias e a imaginação eram bem feias. Sua família verdadeira era sempre muito ruim, desclassificada; ela, sempre rejeitada e mal tratada. Todas as vezes, acabava com vontade de chorar, fumava, bebia e cheirava. Agora, não consegue distinguir o que é intuição, fantasia e dados de realidade.

Sugeri fazermos um trabalho para limpar um pouco esse emaranhado. Disse que pensasse em todas essas situações e emoções, enquanto lhe dava um número aleatório de folhas de revista. Ela foi falando o que sentia e amassando as folhas, fazendo com elas uma só bola. Apesar da sensação de alívio e cansaço, expliquei-lhe que era só uma parte do trabalho. Ela deveria, todos os dias, queimar uma das folhas de revista, tendo em mente que estava se libertando dessa confusão de emoções, intuições e fantasias ligadas à sua verdadeira família.

Em seguida, apresentei uma caixa com fotos, figuras e desenhos de pessoas e propus que ela fosse tirando, sem olhar, uma figura para cada membro de sua família verdadeira. Primeiro, ela diria quem era; depois, tiraria a figura, entregaria a mim sem olhar. Eu montaria sua Árvore Genealógica.

Começou pela mãe, que disse chamar-se Dirce, e tirou uma foto de uma mulher jovem africana. Depois, o pai, José Hamilton, uma figura de um dançarino de tango. O irmão, Moisés, um desenho de Ali Babá; a irmã, Maria, uma figura de um casal de gêmeos, jogando bola (quando viu as figuras, disse que eram Maria e Mário). Depois, tirou um irmão da mãe, tio José, uma figura de um eremita; e uma irmã do pai, tia Suzana, uma foto de uma moça vestida para festa e sentada dentro de um carro esporte. Disse, ainda, que queria tirar mais duas fotos. Uma, para cada avô ou avó, dependendo se saísse homem ou mulher, para o lado do pai; outra para o lado da mãe. Tirou a foto de uma freira para a avó paterna, avó Margarida, e uma mulher tocando harpa para a avó materna, avó Matilde.

Ela olhou todas as fotos, e continuamos falando sobre as fantasias, sobre os seus sentimentos da infância, sobre os do momento atual. IA concluiu que o mais difícil não era ter sido ser adotada, mas sim ser rejeitada pelos irmãos, pais e outros parentes. Disse que sempre soube que não conseguiria ser igual a eles, mas desejava muito.

Propus que fizesse um álbum com essas fotos e escrevesse uma história sobre sua família consanguínea, sem censura, só para brincar com as ideias. Se achasse que estava em condições e com desejo, fizesse uma pesquisa com as pessoas que conheciam dados da sua história, desde a comadre que a trouxe, até os irmãos, a mãe, os empregados.

A apresentação de IA, parecida com aquela de quando chegou para a primeira sessão, deixou-me atenta para perceber se o que estava acontecendo eram sintomas relacionados com o seu funcionamento disfuncional (o que chamo de **sintomas de defesa**), eram sinais de recaídas ou, ainda, eram sintomas que simbolizavam as dores e dificuldades em lidar com os seus conteúdos e sua história (o que chamo de **sintomas de processo**).

Os sintomas físicos que os clientes apresentam durante a terapia são sempre importantes, pois podem dar uma pista a respeito dos aspectos, emoções ou funções com os quais estamos mexendo.[42]

Também o fato de voltar a ter sintomas que não tinha desde a infância leva-nos a ficar atentos. Eles podem estar voltando para "limpar" vivências de emoções retidas, podem

42 MINDELL, A. **O corpo onírico nos relacionamentos**. São Paulo: Summus, 1991. p. 51.

ser uma retomada dos sintomas e do funcionamento da infância ou, ainda, ser uma defesa para não ir adiante.

A técnica de "bola de folhas de revista" é uma entre as muitas que criei para lidar com situações nas quais sei que é necessário qualificar as sensações e emoções desagradáveis; porém, como o significado racional é distante ou desconhecido, é mais viável partir para um trabalho irracional. De um modo geral, a confecção da bola de papel traz à tona energia e sentimentos que, muitas vezes, ajudam a enxergar o que está acontecendo ou possibilitam novos encaminhamentos. A proposta de queimar as folhas, no intervalo das sessões, segue a mesma ideia terapêutica.

Costumo indicar para os clientes lerem livros que podem facilitar essas compreensões e, então, trabalho nas sessões o que for pertinente. No caso de IA, leu tudo que indiquei.* Parecia não só compreender, mas também relacionar com suas situações.

Todos os clientes que vivem a realidade de serem adotados, e não têm dados concretos sobre sua verdadeira família, apresentam dificuldades em lidar com suas fantasias sobre a família real e seus sentimentos desencadeados pelas fantasias e pela falta de dados. Trazer isso à tona pode ser sentido como um ato de traição à família adotiva. Procuro sempre apresentar aos clientes algumas alternativas para lidar com esse impasse.

---

* Para IA, recomendei a leitura de **O corpo diz sua mente**, de S. Keleman; **A doença como caminho**, de T. Dethlefsen e R. Dahlke; **Você pode curar sua vida**, de L. Hay; Corpomente, de K. Dychtwald.

A construção de uma família "real fantasiada", seja com recortes de figuras, com fotos, com modelagem, desenho ou outro método, facilita a conversa sobre o assunto e a liberação de culpas e outros sentimentos, possibilitando novos encaminhamentos terapêuticos.[43]

Sugerir uma atividade ou tarefa é diferente de prescrevê-la. A prescrição de uma tarefa pressupõe um objetivo claro e uma razão dentro do que está sendo trabalhado naquele momento. A tarefa será checada, e o cliente terá a responsabilidade de realizá-la ou lidar com a situação. Ao sugerir uma atividade, não se define obrigatoriedade nem muita importância à execução, mas sim à compreensão da importância do ato. Mais importante do que fazer a tarefa, é saber que ela existe e é coerente. A decisão e a responsabilidade de executá-la dependem da escolha do cliente e das circunstâncias que facilitarão ou não. Quando marquei a possibilidade de IA procurar dados reais sobre sua família verdadeira, tinha essa conotação.

43 CARTER; MCGOLDRICK. *Op. cit.*, p. 139.

9 *Entradas e saídas*

Na sessão de família sobre a Árvore Genealógica, ficou combinado que a próxima sessão do grupo seria para conversarmos sobre as entradas e saídas na família, e que viriam todos que pudessem. Vieram. Todos, com exceção da mãe. Chegaram todos juntos, 21 pessoas. Encontraram-se na portaria do prédio e subiram juntos. Haviam avisado na véspera que o número seria grande, para que eu arrumasse o espaço de forma viável.

Eu havia preparado um material para facilitar a concretização do trabalho.

Depois de certa confusão até todos se acomodarem, Izabel disse que tinham combinado chegarem juntos para dar um susto em mim, com tanta gente.

Decidiram fazer uma ordem cronológica das entradas na família, marcando na parte superior da linha, e as saídas na parte inferior. Também decidimos trabalhar espacialmente, de forma que a pessoa que entrava na família ia até a linha e escrevia seu nome. Conversaríamos e compartilharíamos o que viesse, e a

pessoa passaria para o espaço atrás da cartolina, na qual estavam escrevendo, definido como "espaço da família".

Henrique disse que, como ele era o primeiro dos ali presentes a fazer parte da família, começaria a brincadeira escrevendo o nome do pai e da mãe e a data do casamento – 12 de dezembro de 1951; afinal, foram os primeiros a chegar à família. Henrique deu o tom da sessão; ao colocar o nome dos pais, falou um pouco sobre eles, sobre o que era oficial e, ao escrever a data do casamento, além dos dados formais, falou sobre o conteúdo da carta que a mãe escrevera após a primeira sessão de família. Encerrou meio brincando, dizendo: "Então, temos os dados oficiais e os dados emocionais".

Colocamos no espaço da família duas almofadas que representavam os pais.

Henrique escreveu seu nome, o mês e o ano do seu nascimento (janeiro de 1953) e passou para junto dos pais. Quando se acomodou no chão, entre as duas almofadas, perguntou se podia colocar uma cadeira, já que ficar no chão deixava-o como um menininho e fazia lembrar coisas. Pedi que falasse sobre as coisas de que se lembrava. Entre emocionado e irônico, falou do modo como sempre se sentiu especial sendo filho dos dois – era muito bom – e como foi triste quando descobriu que a realidade não era tão maravilhosa. A carta da mãe, expondo a verdade como ela viveu, não o machucou, pois já estava calejado.

Daniel escreveu seu nome, o mês e o ano de nascimento (outubro de 1957) e passou para o espaço da família. Disse que sempre se sentiu bem, que as dificuldades do pai e da mãe faziam parte da vida e que se lembrava com mais força da maneira como brincava sempre sozinho, sem amigos e sem o irmão. Lembra-se de Henrique sempre como se ele já fosse adulto ou, pelo menos, fizesse parte daquele outro mundo. Falou sobre como tinha vontade de brincar com Débora, mas não o deixavam pegar nela, pois era um menino grandão, e ela, um bebê delicadinho. Depois, uma menina chorona.

Débora escreveu seu nome, o mês e o ano de nascimento (maio de 1959) e já começou a falar. Disse que sempre se sentiu a serviço da mãe, pois ela queria muito uma filha mulher. Acha que a mãe não dava mais atenção ao Daniel, mas sim somente para ela, o que a deixava meio culpada e fazendo de tudo para agradá-lo, sem nunca conseguir, no entanto. Falou tudo rapidamente e voltou para a cadeira onde estava sentada. Daniel saiu do espaço da família, pegou-a pela mão e disse que tinha muito prazer em recebê-la na família. Todos riram, uma vez que não tinham percebido o ato dela e também pelo jeito afetivo e humorado de Daniel.

Vítor passou direto para o espaço da família e começou a falar. Todos gritaram para que ele primeiro escrevesse o nome e o nascimento (agosto de 1964). Contou que se sentia o predileto da mãe e da irmã, achava-se lindinho, e que todos faziam suas vontades. Achava que foi muito mimado por todos. Lembrava-se que Henrique dizia que ele ia virar um maricas, de tanta mulher cuidando dele.

Heloísa entrou para a família em maio de 1974, quando casou. Estava grávida, enjoando muito e envergonhada. Tinha 17 anos, e Henrique, 21. Sentia que a sogra e o sogro culpavam-na por Henrique ter parado a faculdade e não conseguia ter uma conversa decente com qualquer um dos dois. Era, e é ainda, super grata ao Henrique, pois ele nunca confirmou isso e sempre a qualificou em todas as situações. Estava começando a entender-se com a sogra, através das coisas que iam arrumando para o bebê e das conversas que estavam começando a ter; entretanto, isso tudo acabou quando estava grávida de seis meses, e a sogra adotou IA. Foi muito difícil, pois sentiu que perdeu o que tinha conseguido. Sua filha Rebeca nasceu em dezembro de 1974, e a sogra passou a lhe dar as roupas que sobravam de IA. Não comprava nada especial para Rebeca e estava o tempo todo competindo com Heloísa, através das atividades e do desenvolvimento das duas meninas.

IA escreveu seu nome e o mês e ano de nascimento (setembro de 1974), com mais determinação do que se poderia esperar. Disse que o relato de Vítor e de Heloísa confirmava o que ela sempre sentiu. Riu, meio tristemente, e disse: "Não vou falar muito porque todos já sabem por que estamos aqui". Concluiu, dizendo que ia passar para o espaço da família, apesar de não saber se sentia que pertencesse a ele.

Rebeca escreveu seu nome, mês e ano de nascimento (dezembro de 1974), passou para o espaço da família e disse que, apesar de saber sobre toda a história ligada à competição com IA, sempre se sentiu como se fossem irmãs. Brincavam e brigavam sempre. Só na adolescência é que se separaram. Sempre sentiu que a avó não gostava dela e que o avô presenteava e mimava mais a ela, mas não sabe se era porque ele gostava muito dela ou era só para incomodar a avó. A experiência mais dolorosa da qual se lembra foi quando Neto nasceu e alguém lhe disse que ela perderia o trono. Como ele era homem, não sobraria nada para ela.

Roberto escreveu o mês e o ano em que entrou para a família (setembro de 1978). Disse que se sentia parte da família desde o começo do namoro, em 1973, pois seus pais eram amigos e sempre conviveram. Ao começar a namorar, também começou a frequentar a casa e a envolver-se com os problemas. Quando IA chegou, ele assumiu algumas rotinas com ela, pois queria sair com a namorada, e a sogra sempre tinha uma desculpa para obrigar Débora a cuidar do bebê. Porém, não se lembrava se isso o incomodava muito ou só um pouco. Mesmo depois de casados, era assim; só mudou após o nascimento de Fernando, em junho de 1980, quando IA já tinha quase seis anos.

Neto escreveu o mês e o ano de nascimento (março de 1979) e, ao escrever o nome, disse que sempre achou esquisito ser Neto. Todos que tem avô são netos, e ele era Neto com maiúscula. Na escola, chamavam-no de Rubens, e ele não sabia quem era, pois Rubens era o avô e neto eram todos os meninos que conhecia. Depois dos oito anos, acha que virou Neto.

Fernando escreveu o mês e o ano de nascimento (junho de 1980) e passou para o espaço, dizendo que não tinha nada especial para falar.

Angela escreveu o mês e o ano do casamento (maio de 1981), disse que tinha 22 anos, tinha acabado a faculdade de Letras e pretendia fazer um curso no exterior. Namorava Daniel há três anos. Ele tinha se formado no ano anterior, em Farmácia e Bioquímica, e decidira vir para a cidade dos seus pais a fim de trabalhar. Ele montou um laboratório, uma farmácia e deu a ela um ultimato: ou casavam ou terminavam antes de ela viajar. Escolheu casar, mas teve muita dificuldade em adaptar-se à cidade e à família. Após o nascimento de Marcelo, em novembro de 1983, e de montar uma floricultura com Heloísa, passou a se sentir fazendo parte da cidade e da família.

Patrícia escreveu o nome, o mês e o ano de nascimento (junho de 1982), dizendo que não tinha más lembranças, só boas. A única coisa ruim de que se lembrava eram as dificuldades com IA, que deixavam sua mãe triste.

Antes de escrever seu nome, o mês e o ano de nascimento (novembro de 1983), Marcelo disse que só ficou sabendo que não foi planejado na sessão em que fizeram a Árvore Genealógica. No entanto, isso não o deixou mal. Depois, foi vendo que a maioria deles não foi planejada.

Gabriela escreveu o nome, o mês e o ano de nascimento (setembro de 1984) e passou sem dizer nada.

Diogo escreveu o nome, o mês e o ano de nascimento (dezembro de 1985) e também passou sem falar nada.

Elisa escreveu o mês e o ano do casamento (dezembro de 1990) e contou que conhecera Vítor no primeiro ano da faculdade e, desde o início do namoro, ele disse que viriam para a cidade dos pais e iriam juntos montar uma granja modelo. Quando ele se formou e começou a trabalhar, ela vinha quase todos os finais de semana e, além de ajudar Vítor no trabalho, participava de todos os acontecimentos da família. Quando se casaram – ela tinha 22 anos, e ele 26 –, sentia-se como fazendo parte da família há muitos anos. Queriam um filho logo, pois estava faltando um bebê na família. Porém, só engravidaram quase dois anos depois.

Vítor Júnior fez questão de escrever seu nome e pediu para a mãe escrever o mês e o ano de nascimento (fevereiro de 1993).

As mães das crianças pequenas escreveram seus dados: Isabela (dezembro de 1994); Camila (maio de 1995); Ricardo (julho de 1996).

Passaram todos para o espaço da família e estavam animadíssimos, brincando. Conforme as pessoas foram passando, levaram cadeiras, banquetas, almofadas e agruparam-se formando uma "escultura familiar".

Aproveitei a situação, pedindo que cada um saísse do seu lugar, sem desmanchar a escultura. Eu entrava no lugar de quem saía para que vissem de fora a imagem criada.

As falas sobre o que viam foram semelhantes: um amontoado de pessoas alegres, todos em contato, gente bonita. Acrescentei o que também estava vendo: todos muito juntos (apesar de sobrar espaço), sem uma separação rígida dos ramos familiares, embora aqueles do mesmo ramo mantivessem algum contato físico.

Quando perguntei se alguém gostaria de mudar as posições, os contatos ou a postura, eles foram unânimes em dizer que não.

Sugeri, então, que começássemos a trabalhar com as saídas. A reação foi de surpresa, pois tinham esquecido que a proposta era vermos as entradas e as saídas.

O único a deixar a família foi Rubens, quando morreu em 1984. A almofada que o representava estava embaixo de outras almofadas, com pessoas sentadas em cima e presa pelo pé de duas cadeiras. Depois de muita discussão, decidiram que não o tirariam. Concluíram que daria muito trabalho; se fossem lidar com a sua morte, retomariam dores e mágoas; nesse momento, não queriam isso.

Aceitei, escrevi o nome, o mês e o ano de falecimento no espaço próprio e propus encerrarmos a sessão. Começaram a sair da escultura e a colocar as almofadas e cadeiras nos lugares do início sessão. Ficaram no espaço as duas almofadas dos pais.

Houve um momento de perplexidade, quebrado por Diogo, que agarrou a almofada que representava Rubens, fingindo que estava chorando. Apertava e beijava a almofada, dizendo: "Vovozinho, que saudade, volte para cá". As outras crianças entraram na brincadeira e foram fazendo coisas parecidas com as almofadas que representavam Rubens e Vilma. Foi tudo muito rápido; então, passaram a jogar para cima as almofadas. Em seguida, jogaram as almofadas uns nos outros.

Encerrei a brincadeira, dizendo que não era mais o avô e a avó, mas sim almofadas, com as quais poderiam brincar.

Os adultos saíram da sala, e as crianças ainda ficaram alguns minutos jogando e brincando com todas as almofadas.

Quadro 3 – Entradas e saídas na família de IA, em junho de 1997

Entradas		Saída	
Membro	Mês/Ano	Membro	Mês/Ano
Vilma e Rubens	dez. 1951	Rubens	maio 1984
Henrique	jan. 1953		
Daniel	out. 1957		
Débora	maio 1959		
Vítor	ago. 1964		
Heloísa	maio 1974		
Izabel Augusta	set. 1974		
Rebeca	dez. 1974		
Roberto	set. 1978		
Neto	mar. 1979		
Fernando	jun. 1980		
Angela	maio 1981		
Patrícia	jun. 1982		
Marcelo	nov. 1983		
Gabriela	set. 1984		
Diogo	dez. 1985		
Elisa	dez. 1990		
Vitinho	fev. 1993		
Isabela	dez. 1994		
Camila	maio 1995		
Ricardo	jul 1996		

Seguindo minha ideia de que eles aprenderiam ao vivenciar, na sessão, situações relacionais e emocionais diferentes das que estavam acostumados no dia a dia, as técnicas deveriam ser só pano de fundo. A "Linha de Vida" serve para representar graficamente a sequência temporal dos eventos da vida de um indivíduo, casal, família ou grupo. Além dos objetivos específicos de cada caso, facilita o reconhecimento das sequências tempo × comportamentos, além de possibilitar a visão e a compreensão temporal gráfica.[44]

A importância da dimensão temporal é a possibilidade de observar não só o espaço interativo da entrevista, mas também o patrimônio interacional que as pessoas adquiriram com os anos, dando relevância aos elementos subjetivos do tempo vivido tanto de maneira individual, quanto social. Além disso, o trabalho conjunto dos elementos da família na sessão, reorganizando o tempo das relações, produz dados subjetivos, ou seja, descrições do mundo experiencial das pessoas envolvidas, o que, muitas vezes, ocorre pouco no dia a dia.

Avaliar uma família nos seus ciclos temporais proporciona uma visão trigeracional, na medida em que as gerações avançam no tempo, em seu desenvolvimento do nascimento à morte.[45]

Escolhi essa técnica para facilitar o compartilhamento dos vários ângulos de compreensão e emoção, e também porque é uma técnica que possibilita uma grande variedade de seguimentos, dependendo das reações dos participantes.[46]

O uso do espaço físico e do contato corporal entre os elementos da família amplia a vivência emocional da sessão, além de possibilitar um número maior de hipóteses e avaliações. Contato físico, movimento, ação e presença de outros

44 ANDOLFI, 1996. *Op. cit.*, p. 19.

45 CARTER; MCGOLDRICK. *Op. cit.*, p. 144.

46 GROISMAN. *Op. cit.*, p. 41.

provocam, simultaneamente, associações, significados e comportamentos no contexto terapêutico.

Ao escolher, além do trabalho gráfico, usar o espaço para as marcações, eles acrescentaram outros aspectos à sessão, o que me possibilitou usar as imagens que surgiram dentro da técnica de Escultura Familiar. [47]

Quando o cliente define que não quer lidar com determinado conteúdo ou tarefa (por exemplo, quando não quiseram lidar dramaticamente com as Saídas), aceito sua decisão. Não faço nenhuma leitura ou interpretação de que seja uma defesa ou resistência. Paralelo a isso, avalio se essa recusa vai inviabilizar o prosseguimento do trabalho. Se inviabilizar, explicito isso, e lidamos com esse impasse. Caso contrário, registro o dado sem maiores comentários.

Quando trabalho com os clientes usando dramatizações ou trabalhos simbólicos, sou cuidadosa em definir e enquadrar os vários contextos, níveis e formas. Por essa razão, não permiti que as crianças continuassem jogando o "vovô" e defini que era novamente só uma almofada com a qual poderiam brincar.

Ninguém falou em marcar outra sessão de família, e eu não trouxe o assunto à tona. Preferi aguardar os acontecimentos. Nos atendimentos de família em que a queixa é referente a um membro cronologicamente adulto, costumo deixar solta a marcação da próxima consulta. Isso deixa espaço para avaliações e encaminhamentos inusitados.

47 ANDOLFI, 1981. *Op. cit.*, p. 122-125.

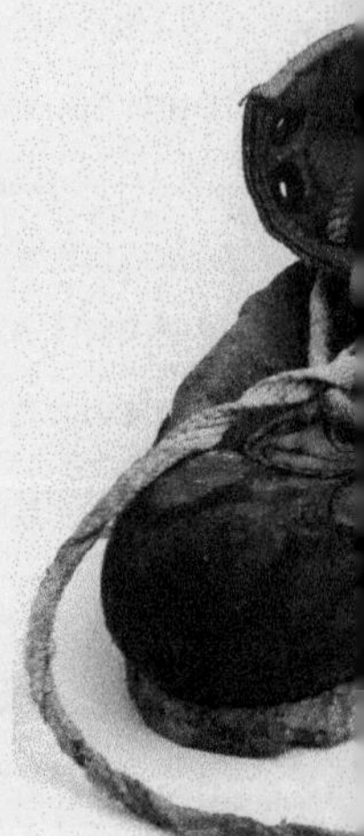

10 *Dados de realidade*

IA ESTAVA BONITA, bem arrumada e animada.

Disse que, nessa sessão, só queria falar, pois tinha muitas coisas para contar. Começou, dizendo que tinha se sentido muito feliz na última sessão. Desde que soube que viriam todos, todinhos mesmo, para a sessão, ficou primeiro chocada; depois, muito emocionada. Pensou que era "uma burra" por ficar fazendo sintomas e bobagens para ver se eles provavam que a amavam. Eles só poderiam amar. Se não amassem, não estariam todos disponíveis para vir à sessão. Teve também maus pensamentos, mas controlou, e não deu corda. A sessão foi "um barato". O tempo todo, sentiu-se como parte da família, com direito a dar palpite, a fazer comentários, a corrigir dados que os outros davam. Quando acabou a sessão e todo esse mês, o sentimento mais forte que experimentou foi o de gratidão. A todos, mas

tinha uma sensação de gratidão à vida. Até ouviu algumas vezes a música *Gracias a la Vida*, uma canção que sua mãe costumava ouvir quando era pequena.

O mês foi cheio de coisas. Até um namorado arranjou. Nada muito importante, mas foi a primeira vez em que ficou com alguém de cara limpa, sem bebida ou droga. Foi esquisito, mas gostou. Não está querendo nada muito sério, inclusive porque ele é mais novo que ela, filho de um ex-amigo de Henrique que agora é quase inimigo. Se o rapaz fosse muito interessante, ela até investiria, mas foi só uma boa experiência, e não vale o preço de desagradar seu irmão e criar mais confusões. Como não é nada sério, pensa em encerrar logo.

Sua mãe melhorou bastante, tendo passado vários dias bem consciente; pode conversar e participar do que acontecia. Porém, foi só sair sozinha da cama e caiu, fraturou o osso da canela e agora está engessada. Como está com muita dor, passa o tempo todo sob efeito de analgésicos e fica só dorminhocando.

Foi aniversário da mãe e, como ela estava bem, toda a família reuniu-se. Após o almoço, ela foi para o jardim de frente da casa, com Rebeca e a filhinha Camila, para aproveitar o sol, pois o dia estava frio. Aos poucos, os sobrinhos foram chegando e ficaram conversando sem assunto certo. Num determinado momento, Diogo perguntou se era verdade que ela era filha de uma lavadeira que trabalhava para eles. Uma empregada havia dito que ela se parecia com a lavadeira. Sem nenhuma dificuldade, começou a contar que não sabia de nada, mas que, na última sessão individual, tinha falado sobre isso e estava se lembrando de todas as fantasias que já teve sobre o assunto.

Todos começaram a contar as histórias e fofocas que tinham ouvido contar sobre a adoção de IA. Riram muito, checando o que poderia ser verdade e o que era absurdo. As histórias eram variadas, desde que ela era filha de Débora, passando por ser filha de Vilma com outro homem, ser filha de Rubens com outra mulher, até ser filha de alguma empregada, com o Rubens ou outro pai. Depois, cada um começou a contar todas as fantasias que já tinha tido sobre a sua própria origem. Algumas histórias eram engraçadas, outras impossíveis de serem verdade, algumas bem viáveis, apesar de serem todas irreais, uma vez que, com exceção dos seus próprios nascimentos, Rebeca e IA acompanharam todos os outros. Elas lembravam-se de vários fatos acontecidos.

IA ficou espantada de como a história era a mesma, só mudavam alguns conteúdos. Pensou que, quando os filhos não são adotados, essas fantasias diluem-se com o passar do tempo; no entanto, nos casos em que a adoção é real, as fantasias provavelmente não são checadas e mantêm-se por toda a vida. Falou isso para os sobrinhos e, juntos, concluíram que era muito bom poder checar tudo, e não deixar coisas em baixo do tapete.

Entretanto, o que ela tinha de mais chocante para contar-me é que tinha ido conversar com pessoas que poderiam saber sobre sua história verdadeira. A primeira pessoa que procurou foi Viridiana, empregada na sua casa quando foi adotada, onde permaneceu até ela ter seis anos. Ela tinha muito para contar sobre a sua infância; sobre a sua origem, só sabia o nome e onde morava a tal comadre que a trouxe. As histórias eram as que ela já sabia ou coisas do dia a dia que não lhe fizeram diferença. Porém, a ex-empregada disse ter certeza que IA não é filha de Rubens. Ela disse ter sabido, por intermédio do marido, motorista do patrão, que Rubens havia feito cirurgia para não ter mais filhos. Segundo ela, soube disso na época em que Vítor nasceu, e apareceu uma moça dizendo ter um filho de Rubens. Assim, ela não poderia ser filha dele.

Com o endereço da comadre Vanda, preparou-se para saber o que tinha para saber. Numa manhã, achou que já estava pronta e foi procurar o povoado onde fica o endereço. Ao chegar ao local indicado, soube que a comadre havia morrido três anos antes, mas uma filha morava ali perto. Ao apresentar-se, a filha da comadre mostrou saber quem ela era. Ao ser perguntada sobre sua história, a moça disse que a mãe sempre contava o fato. Sabia ainda mais porque, naquela época, tinha 12 anos e lembrava-se de algumas coisas. Sem titubear, contou o que sabia. IA passou a contar o resumo do que a mulher contara a ela.

A tal Vanda morava em frente a uma pensão, num local no interior da cidade. Numa tarde, foi procurada por uma moça grávida, que trazia uma menina pela mão e disse-lhe que queria dar o bebê que ia nascer a qualquer momento. A moça morava num circo, já tinha uma filha e não poderia cuidar do bebê. Havia escolhido Vanda porque observou a forma que ela lidava com os filhos pequenos e achou que seria uma boa mãe para seu bebê. Dois dias depois, apareceu com o bebê no colo, entregou-o a Vanda e deixou um papel com a data e a hora do nascimento, o nome que ela deveria receber, com o qual havia sido batizada em casa, pela parteira, e o nome da parteira. Agradeceu, disse que ia pegar o ônibus para encontrar o circo numa cidade vizinha, beijou a filha e foi embora, levando pela mão a outra menina e uma mala pequena.

Vanda não pretendia ter mais filhos, mas ficou sem ter como dizer não para a moça; pegou o bebê, pensando em dar para outra pessoa. A primeira em quem pensou foi a comadre Vilma, a pessoa mais rica que conhecia e que poderia dar um bom futuro para a menina. Ajeitou o bebê como pode e, no dia seguinte, levou-o para Vilma.

Quando IA perguntou sobre o bilhete, ela disse que achava que a mãe o tinha entregado junto com o bebê. Ela não sabia o que estava escrito, além do que já tinha dito.

IA disse que ouviu toda a história como se fosse realmente só uma historieta, sem maiores emoções ou sentimentos. Saiu e foi para casa, a mais ou menos 20 quilômetros. Dirigiu sem pensar muito no assunto; outras questões banais vinham-lhe à mente. Quando chegou a sua casa, a empregada ofereceu-lhe comida, pois já tinha passado do horário de almoço; ela, sem pensar, respondeu que só queria um copo de leite. A empregada questionou, pois ela nunca, nem quando criança, gostara de leite. Ela não deu atenção; porém, ao tomar o primeiro gole, começou a ter náuseas, enjoos e a vomitar intensamente. Passou dois dias na cama.

O vômito passou, mas sentia-se completamente fraca e só tinha desejo de dormir. Não era depressão ou coisa parecida, era um tipo de torpor. No terceiro dia, acordou bem e, à tarde, foi tentar conversar com a mãe. Ela parecia estar lúcida e escutou toda a história sem argumentar, com um ar de quem não queria mais saber ou falar sobre o assunto.

IA disse que sentiu profunda compaixão pela mãe. Não aceitava a forma como ela fez todas as coisas na sua vida; porém, pela primeira vez, não sentia raiva, nem mágoa. Pela primeira vez, não sentiu desejo de magoá-la ou impulsos de fazer coisas contra alguém. Beijou-a, sentou no seu colo, que sentiu duro e seco, mas bom, e ficou assim por alguns minutos, abraçada a ela. Durante esses minutos, sentiu uma paz profunda e um desejo de perdoar do fundo do coração a essa mulher que tinha feito o melhor que podia por ela. Quando saiu do colo, Vilma estava chorando. IA enxugou as lágrimas e disse que a amava. Ao falar, lembrou-se de que, quando criança, dizia muito que amava as pessoas da família. Mais ou menos aos 12 anos, num dia em que falou para sua mãe que a amava, um dos irmãos disse que ela só falava isso porque estava querendo alguma coisa.

Ela recordou-se da dor que sentiu e da impotência em explicar que não era verdade. Nunca mais conseguiu dizer que amava alguém. Algumas vezes em que desejou dizer isso, não conseguiu. A garganta trancava, e ela começava a pensar se amava mesmo ou se estava querendo alguma coisa. A empregada trouxe o lanche. As duas lancharam em silêncio, mas era tranquilo. No final, IA disse que queria perguntar uma coisa e nunca mais tocaria no assunto. Perguntou do bilhete, e a mãe disse que a comadre tocou no assunto, mas não entregou nada. Não lembrava se ela que não quis ou a comadre desistiu de entregar.

IA não ficou satisfeita com a resposta, mas decidiu não mexer mais no assunto. Só que, segundo ela, "seu inconsciente não decidiu o mesmo". Acordava todas as noites com a sensação de que estivera sonhando algo relacionado ao bilhete, à sua verdadeira mãe e a coisas parecidas. Toda vez que acordava durante a noite, ou pela manhã, com essas sensações, vinha-lhe o impulso de rezar pela sua verdadeira mãe e por Vilma. Fez isso e sempre ficava em paz. Fazia mentalizações de luz e paz para as duas mulheres e sentia-se também em paz.

Dois dias antes da sessão, a filha da tal comadre telefonou para IA dizendo que ficara com a questão na cabeça e lembrou que tinha umas tralhas de sua mãe na casa do irmão mais velho. Sempre conversavam que precisavam olhar o que tinha e jogar fora; assim, foi lá, mexeu nas coisas da mãe e achou o bilhete. Se IA quisesse, estava com ela.

No dia anterior à sessão, foi buscar. Pegou o bilhete, deu um dinheiro de presente para a mulher, colocou o papel dentro de um envelope, e assim estava. Não conseguiu ler. Pediu-me se podia ler agora, na sessão. Abriu o envelope e pediu que eu lesse antes e depois lhe desse.

Era uma folha de papel amarelada, uma folha de caderno, onde estava escrito com tinta azul, numa letra bem redonda e legível:

Esta menina chama-se Elizabete, nasceu dia 25/9/74, às 18 horas. A parteira foi a Dona Josefa, que mora ao lado da igrejinha. Ela já foi batizada pela parteira.

Li as linhas e passei para IA. Ela leu e começou a chorar baixinho. Abracei-a, e ela disse que estava aliviada. Tinha tido medo de ler o papel e de lá estarem escritas coisas ruins ou que complicassem sua vida. Perguntei quais eram as suas fantasias, e ela disse não saber direito; porém, se tivesse nome e endereço dos pais, ela não ia descansar sem ir atrás. Se dissesse que ela era filha de Rubens, ficaria ainda mais infeliz. Assim, tinha a sensação de que a história acabava, como se, agora, ela realmente pudesse ir para frente.

Perguntei o que ela pretendia fazer com o papel. Disse que tinha dois desejos: um, de mostrar para algumas pessoas da família; outro, de queimar ritualisticamente. Falei que poderíamos programar isso, mas que eu ficava querendo saber o que ela pensava e sentia com relação ao nome que tinha no papel.

IA disse que, desde a sessão em que eu perguntei se ela sabia seu verdadeiro nome, pensara muito sobre isso e fizera mil fantasias, escolhendo que nome gostaria de ter. Num dia, pensou que não fazia a menor diferença que nome era, pois a pessoa com aquele nome era filha de alguém que ela não conhecia. Izabel Augusta era essa, dessa família e metida nessas confusões. Aceitei sua explicação, mas marquei que, talvez, ela tivesse de voltar a pensar nisso, se o assunto retornasse um dia; quisesse ou não, isso tinha algo a ver com ela.

Voltei a perguntar a ela se tinha alguma ideia sobre o ritual de queimar a folha de papel. Ela contou-me que havia uma história na família de quando os irmãos eram pequenos. Os pais faziam um luau na praia, no local para onde iam todos os anos, nas férias de verão. Era uma história que os irmãos contavam muitas vezes, e ela tinha uma sensação de tristeza por não ter participado; sempre era relatado como se tivesse acontecido num tempo em que todos eram felizes, antes de ela ter trazido a infelicidade e a desavença para essa família. Ela pensou que poderiam fazer um fogo, e ela queimar o bilhete; talvez nas férias, não sabia bem como.

Encerramos a sessão com a minha sugestão de que ela conversasse com alguns membros da família sobre a ideia.

Essa foi uma sessão na qual o mais importante era deixar que a cliente contasse o que havia acontecido. Acreditei que, acompanhar seu relato, sem interpretações desnecessárias, era uma forma de respeito e qualificação das aprendizagens e dos movimentos próprios dela.

Quando o cliente tem uma ideia fechada sobre um determinado assunto (não importa o motivo, se não é importante para ele naquele momento ou se está resistindo a lidar com o tema), não forço a entrada, mas marco que, mais cedo ou mais tarde, ele pode precisar mergulhar no assunto. Assim, não pressiono demais, mas não desqualifico a importância do assunto. Foi o que fiz quando IA não quis se aprofundar na questão dos dois nomes. Se fosse uma questão que precisava ser vista para facilitar a continuação do processo, a estratégia seria outra. Passaria uma tarefa direta ou tarefas próximas que, aos poucos, trariam e facilitariam o assunto antes evitado.

11 *Rituais na terapia de família*

DUAS SEMANAS APÓS a última sessão, IA telefonou-me, contando que conversara com cada um dos irmãos sobre o papel que descobrira e sobre seu desejo de programar um luau com toda a família. A reação de todos foi boa, e resolveram fazer o luau nas próximas férias. Decidiram, também, que a próxima sessão não seria só de IA, mas viriam representantes de todos os ramos familiares para conversar sobre o luau. Aceitei a alteração, mas passei a tarefa de que cada um que viesse deveria conversar com os membros da sua família e trazer por escrito qual era o objetivo do evento a ser programado, o que cada um queria e esperava.

Ela aproveitou para contar que tinha encerrado o namorico sem traumas.

Vieram à sessão Heloísa, Daniel, Patrícia, Vítor e Izabel Augusta. Iniciaram a sessão, falando sobre como as coisas estavam diferentes na família, sobre como as mudanças tinham afetado todos os relacionamentos. Eles estão conversando mais sobre as relações, perderam um pouco do receio em abrir os sentimentos e as dificuldades.

IA tinha conversado com cada um dos irmãos, anotado o que eles lembravam-se dos luaus da infância e trazido um esboço de programação, que incluía desde uma fogueira e comidas para serem feitas no local, até brincadeiras e jogos.

Propus começarmos a programação do luau, definindo o objetivo do evento. Cada um deles leu as informações que tinha trazido por escrito, a respeito da conversa com seus familiares. Em síntese, o desejo de todos era relembrar uma boa fase de antigamente e viver um momento de intimidade e descontração, simbolizando um novo tempo para a família como um todo.

Definimos, então, que o luau tinha como objetivo ritualizar a real integração de IA a essa família, além de retomar uma época de alegria e despreocupação. Seria realizado numa praia perto do local que usavam quando crianças.

Cada um dos irmãos iria se responsabilizar por uma parte dos preparativos e, também, prepararia uma surpresa. Os filhos e esposos seriam convidados.

Pré-definimos alguns rituais, em função dos objetivos: um para simbolizar o fim de uma fase difícil, outro para selar a integração de todos à família e outro para simbolizar a nova fase. Eles decidiram que queimariam a carta da mãe no ritual de encerramento da fase difícil.

Foi uma sessão leve e bem humorada. Ao encerrar a sessão, falei da minha impressão de que eles não precisavam da minha presença para o que tinha ocorrido na sessão. Eles concordaram e disseram que tinham discutido isso e tinham decidido vir para firmar e confirmar o envolvimento da família no processo.

O trabalho com essa família foi repleto de rituais, muito mais do que o usual. Costumo prescrever rituais em vários momentos do processo, dependendo do tema que está sendo desenvolvido. No entanto, além desses, aceito as propostas de rituais que surgem da própria família.[48]

As propostas que essa família trouxe com relação ao ritual do luau eram coerentes com o encaminhamento terapêutico de redefinição de identidade, de pertencimento e de final de fase.[49]

Evito fazer sessões desnecessárias, ou seja, tudo que a família pode fazer sem a minha presença deve realizar sem vir à sessão. Isso reforça a autonomia dos membros da família, a coerência com a minha ideia de que eles são especialistas na família e de que mais importante do que uma bela sessão é um pequeno movimento concreto na vida real. Quando IA mudou o previsto para uma sessão de família, fiquei em dúvida se isso era necessário; porém, ao invés de perguntar para quê era a sessão, aceitei a proposta. A explicação deles, no final, mostrou-me que foi importante ter aceitado a sessão.

48 CARTER; MCGOLDRICK. *Op cit.*, p. 131.

49 *Ibid.*, p. 139.

12 *Só para relatar*

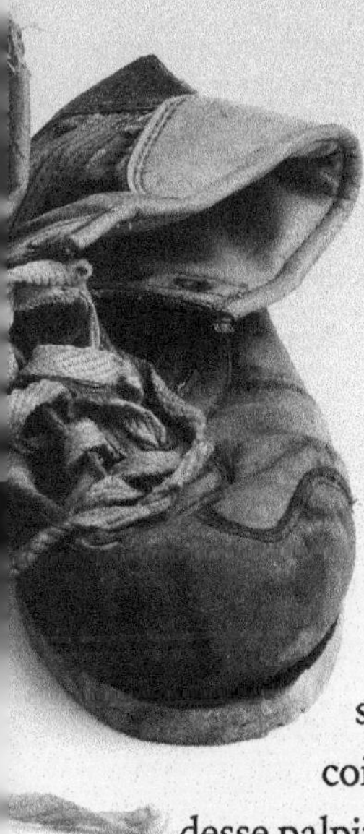

IA TELEFONOU-ME, ANTECIPANDO a sessão em duas semanas, em função de mudanças familiares.

Ao chegar, vinha carregada de pacotes e sacolas. Disse que havia preparado algumas coisas para a festa, mas gostaria que eu visse e desse palpites. Antes, porém, precisava me contar o que tinha acontecido.

O luau programado para janeiro precisou ser antecipado e seria no mês de novembro, aproveitando um feriado e um final de semana. Isso em função de que a filha de Débora, Patrícia, ia fazer intercâmbio nos EUA e viajaria antes do Natal. Ela havia decidido passar um mês na Espanha para aprimorar o espanhol e iria viajar já no final de dezembro.

Com a decisão de antecipar, os cinco irmãos passaram a se encontrar duas vezes na semana, só os cinco, para preparar o que precisavam. Esses encontros desencadearam muitas coisas. Começaram com conversas, com lembranças, acusações e desculpas, choros e perdões. Algumas coisas com relação a IA, mas a maioria entre os quatro irmãos mais velhos. Mágoas, desconfianças, ressentimentos vieram à tona. Coisas que nunca tinham sido explicitadas começaram a ser faladas. Junto com os fatos, todos os sentimentos guardados por muitos anos. Basicamente, eram situações ligadas à desconfiança na forma de lidar com dinheiro, bens e heranças. Excesso de espaço ocupado por Henrique nos negócios da família. Pelo lado dele, a certeza de que todos só se interessam pelos lucros, e não querem saber, nem se envolver nas dificuldades.

IA relatou que viveu sentimentos muito fortes de medo. Lembranças amedrontadoras da infância vieram à tona. Lembrou-se de muitas cenas antigas e, em todas, tinha muito medo que eles passassem para a concretização da agressão. A última lembrança que tinha dessas situações foi quando Vítor estava para decidir que faculdade faria, e o pai teve uma briga com ele porque não tinham a mesma opinião. O pai gritou muito, e ela teve medo de que a discussão fosse transformada em agressão física. Disse a respeito do pânico que sentiu, ouvindo a discussão e os barulhos, sem saber se estavam socando um ao outro. Até hoje, não sabe o que realmente aconteceu. Depois disso, as pessoas da família não mais discutiam; preferiam evitar os confrontos.

Não teve desejo, mas pensou em drogar-se. Agora, estava achando tudo muito interessante. Algumas mudanças concretas passaram a ocorrer na família. Depois das primeiras discussões com muito rancor, começaram a falar mais calmamente. Às vezes, até com humor. Também estavam expressando mais a afetividade, abraçando uns aos outros quando se encontravam, perguntando sobre a vida dos outros.

Chorou muito após um desses encontros, quando se discutiu a participação de outros membros nas empresas familiares. Diante da sugestão de IA trabalhar em algum lugar da empresa, Henrique respondeu com negativa. Justificou, afirmando que ela não sabia fazer nada, não entendia de nada e, a qualquer momento, poderia voltar a usar drogas. Ele jamais correria esse risco. IA segurou firme a emoção na hora, mas chorou muito antes de dormir. O sentimento mais forte era de impotência: não pertencia mesmo à família e não conseguiria, nunca, limpar sua imagem e superar as falhas.

No dia seguinte, foi acordada com batidas na sua porta. Quando mandou entrar, assustou-se, pois era Henrique. Ele sentou na beirada da cama e disse ter vindo pedir desculpas. Disse que tudo o que falou na noite anterior tinha um pingo de verdade, mas a maior parte tinha sido um ataque histérico, porque se sentiu acuado frente às cobranças dos irmãos em todos os sentidos. Quando eles sugeriram a participação de IA, defendeu-se de tudo atacando-a.

Henrique disse-lhe que realmente acha que ela não entende de negócios e tem receio que ela volte a usar drogas. Porém, nada disso tinha a intensidade que ele colocara na sua fala na noite anterior. Gostaria que ela desculpasse sua atitude e pudesse usar o que ele disse como estímulo e desafio para aprender e melhorar, e não como um empurrão para baixo. Disse, ainda, que tinha passado a noite pensando, e Heloísa tinha sugerido que ele pedisse desculpas, o que era muito raro nele. Sugerira, também, que fizessem uma reunião urgente, todos juntos, para clarear essas coisas. Ele estava pensando em marcar para aquela mesma noite e queria saber se ela concordava. IA nem teve tempo de recuperar-se do susto. Henrique deu-lhe um beijo no rosto e saiu rápido.

Uma hora depois, Heloísa ligou marcando para almoçarem juntas. No almoço, falou que Henrique estava passando por uma crise muito forte, pois essa história de terapia, mudanças e reuniões deixava-o muito inseguro. Ele sempre teve o jeito de funcionar que aprendeu com o pai, de ser controlador, dono da verdade, de manter tudo na sua mão. A partir de certo ponto, que não sabe exatamente qual, passou a sentir-se diferente, inseguro mesmo. Se essa era uma forma saudável de continuar vivendo, tinha receio de ficar diferente, e tudo ir à bancarrota, embora reconhecesse que o jeito antigo não fazia mais sentido. O problema é que ele não tinha ainda um jeito novo, e não podia correr o risco de errar.

Heloísa, por seu lado, achava que a situação da véspera tinha sido a gota d'água, pois ele não era mais um homem agressivo e prepotente. Ele não queria agredir e excluir IA, mas enxergava-se num momento de crise, dizendo e fazendo coisas que não queria, o que não era mais o seu modo. A reunião de logo mais à noite poderia ser definitiva para decidir que caminhos ele tomaria. Heloísa disse que Henrique estava com medo. Medo de não conseguir se mostrar e de fazer tudo como faria antigamente. Ela, então, sugerira que ele fosse pedir desculpas. Isso deveria facilitar o encontro da noite, pois achava que ele iria para a reunião já com uma experiência de ser diferente, tendo em vista que ele sempre tinha um argumento, e nunca se desculpava.

IA, então, preparou-se para a reunião. Preparou-se emocionalmente, energeticamente e objetivamente. Propôs que o encontro fosse em sua casa (salientando sua casa e não casa da mãe!), encheu o lugar de flores, mandou preparar coisas para comerem; rezou, mentalizou, acendeu velas! Quando começaram a chegar, enrolou estes até estarem todos. Ela havia preparado a sala, colocando as cadeiras para que eles ficassem sentados de forma circular, com ela na ponta central.

Iniciou a conversa, dizendo que a reunião tinha sido convocada por Henrique, mas ela iria dirigi-la. Falou de como foi difícil a noite anterior, de como se sentiu desanimada, de como estava pensando em desistir. Também falou sobre como foi surpreendida pelo movimento novo do Henrique ao procurá-la. A partir do encontro matinal com ele, tomara algumas decisões. A primeira: essa família era sua, não importava como tinha entrado.

Desde os primeiros dias, era sua família, e ela não se sentia mais devedora por estar ali. Seu grande medo sempre fora assumir isso e alguém lhe provar que ela não pertencia a eles. Tudo o que fez foi por medo de ser diferente. Se agisse de outra forma, teria lutado para ocupar seu espaço, mas poderia perder e machucar-se. Isso a levaria a ser uma incapaz e drogadida. Por pior que fosse, seria uma dor já conhecida.

Após o encontro com o Henrique, havia decidido que fazia parte da família. Mais que isso. Mostraria que fazia parte e que tinha um espaço, uma função na família. Retomaria os estudos e iria se preparar para ser alguém, dentro e fora da família. Finalmente, compreendera que isso só dependia dela. Os outros responderiam ao que ela fizesse. Sabia haver riscos de recaídas, mas levantaria e iria se esforçar.

Sugeriu, pois, que cada um falasse dos seus medos pessoais e familiares nesse momento e decidissem coisas em comum.

Henrique falou que estava em dúvida. Sua vida toda fora guiada por certezas, e agora não as tinha mais. Aprendeu a ser o chefe, a não vacilar e, agora, tinha medo de vacilar. As críticas e reivindicações dos irmãos deram-lhe novos horizontes, mas ele não sabia mais como agir. Não sabia se queria e se podia abrir mão do poder e do controle. Não sabia se suportaria os irmãos dando palpite nas questões das empresas. Achava que preferia desistir de tudo, mas não achava justo abandonar as empresas que tinham sido sua vida até agora; considerava ter feito um bom trabalho por eles todos.

Vítor disse que não pretendia se meter nas empresas; tinha sua vida e sua profissão. O que gostaria era poder fazer perguntas sobre as empresas sem parecer que estava invadindo e sentir-se escorraçado. Muitas vezes, tinha medo de perder os lucros ou o capital da empresa, pois aprendera a viver com esse dinheiro, que pretendia deixar para os seus filhos. No entanto, cada vez que tentava conversar, Henrique fechava-se. Até pensou que ele estaria fazendo coisas erradas e, por isso, não queria ninguém se metendo. Seu medo era de que brigassem por causa das empresas e rompessem os outros laços.

Daniel disse sempre ter considerado Henrique prepotente, dono da verdade, ditador. Todas as vezes que o questionara sobre as empresas, inclusive na noite anterior, não foi porque quisesse saber das empresas ou quisesse trabalhar lá, mas para mostrar-lhe que ele era vulnerável. Se quisesse, poderia infernizar sua vida, exigindo explicações e prestações de contas. Em sua opinião, Henrique não tinha vínculos com a família. Tinha relações bancárias, de saldos, aplicações etc. A partir das reuniões e sessões da terapia, foi ficando inseguro, pois começou a ver um pedaço de Henrique que poderia ser diferente. No entanto, com esse Henrique, não sabia se relacionar. Preferia o ditador, pois com esse poderia continuar mantendo a relação de ironia e desqualificação, tendo a certeza de que seu dinheiro estava sendo bem cuidado e chegaria a suas mãos sempre no dia certo.

Débora, por seu lado, disse que, muitas vezes, desejou trabalhar na empresa, desde que seus filhos deixaram de ser crianças. Porém, quando propôs, Henrique negou e não deu condições de discutir. Às vezes, pensava que, quando seus filhos fossem adultos, pediria para separar sua parte e deixaria que eles administrassem. Nunca deixou que seu marido assumisse alguma crítica perante Henrique, pois tinha medo de rompimentos. Assim, ela e sua família sempre evitaram se meter nas questões das empresas e recebiam sua parte sem questionar.

IA sugeriu que aquela fosse uma primeira reunião de autoajuda. Disse que cobrar e desconfiar era fácil, mas ela propunha que fizessem reuniões nas quais a agenda fosse feita a partir das dificuldades de cada um e da possibilidade de ajudarem-se mutuamente. Que esse dia servisse de marco de início, e não de marco de dor e medo!

Todos concordaram e passaram a decidir as coisas sobre as quais, na noite anterior, não tinham conseguido conversar.

IA sentiu-se poderosa, capaz e curadora. Teve a sensação de que tinha interferido no destino.

Passamos a ver o que ela estava preparando para o luau. IA disse que havia partido do princípio de que tinha sentimentos bons e ruins com relação a cada um dos irmãos e outros membros da família. Então, resolveu construir algo que simbolizasse o ruim de cada relação e um presente para cada pessoa. Pensava em colocar na fogueira o que simbolizava a dificuldade e, em seguida, dar o presentinho para cada um, dizendo o que simbolizava. O ruim era sempre algum sentimento desagradável ligado a alguma situação vivida com a pessoa no passado. O presente simbolizaria o que deseja, do fundo do seu coração, para aquela pessoa. Foi mostrando, então, os objetos que seriam queimados e dizendo qual o presente que daria para cada pessoa.

Os objetos para queimar seriam:

» de Henrique, uma colagem de uma foto dele com o pai, colocada sobre uma foto dela com cara de drogada, significando o que ela havia depositado em Henrique sobre suas dificuldades com o pai e os incômodos reais que dera aos dois;

- de Heloísa, uma balança (de madeira) com pesos nos dois pratos, significando todo o trabalho que ela sempre tivera para ser equilibrada e justa nas confusões que aconteceram;
- de Daniel, um boneco tipo "bobo da corte" (de tecido), significando a forma como ela se sentia diante dele;
- de Vítor, um tambor de madeira, representando as perdas que ele teve com a vinda dela;
- de Débora, uma bola com correntes pretas (de madeira e papel), representando a amarração que ela foi na vida da irmã desde que nasceu;
- de Roberto, Elisa e Angela, um cartaz com uma foto de IA e cada um deles no meio, com riscos de todas as cores por cima, simbolizando as dificuldades e confusões que já criara;
- de Rebeca, uma colagem de fotos das duas, nas quais Rebeca está bem (bonita, sorrindo, bem vestida, numa pose boa) e IA mal (feia, descuidada, sem dentes, torta), simbolizando as dificuldades que as duas tiveram e que impediram que fossem amigas;
- dos sobrinhos homens, um barquinho feito de cartolina, representando as dificuldades que tinham com ela;
- das sobrinhas mulheres, uma bonequinha feita na cartolina, também representando as dificuldades que tinham com ela;

» da filha da Rebeca, uma folha de papel com palavras soltas: ciúme, dificuldade de relação, inveja, carência, significando os sentimentos que já tivera com relação a ela.

Os presentes seriam:

» para Henrique, um boné de um time de futebol americano e uma valise de mão de couro de camelo, simbolizando seu desejo de que ele pudesse viajar e divertir-se com o que gosta, além de trabalhar e sacrificar-se;

» para Heloísa, um prato de parede egípcio que reflete a luz, iluminando o ambiente, para que ela receba todas as coisas boas que faz para os outros;

» para Daniel, um chaveiro de ouro com um desenho em relevo, que mostra uma paisagem e uma ponte, significando seu desejo de que possam vir a ter uma relação mais próxima;

» para Vítor, um porta-retratos de cristal, com uma foto na qual ela estava num carrinho e ele a empurrava, com o desejo de poderem retomar a relação de amizade e brincadeiras que tinham na infância;

» para Débora, um pêndulo de cristal facetado, que brilha quando recebe luz, significando seu desejo de que ela tenha paz, despreocupação e alegria;

» para Roberto, um chaveiro de ouro com a inicial, simbolizando o quanto ele era e foi importante em sua relação;

» para Elisa e Angela, um anel de ouro, simbolizando seu desejo de estar próxima;

» para Rebeca, uma máscara das duas faces do teatro, rindo e séria, simbolizando o desejo de que pudessem estar próximas nos bons e maus momentos da vida;

» para os sobrinhos homens, uma máquina fotográfica, simbolizando seu desejo de terem boas aventuras na vida;

» para as sobrinhas mulheres, um anel, simbolizando seu desejo de estar próxima;

» para a filha da Rebeca, um broche que fora de IA quando pequena, simbolizando seu desejo de ser importante na vida da criança.

Cada objeto que IA mostrava era acompanhado de lembranças e desejos. Chorou em alguns momentos, mas de forma tranquila.

Esse seria seu ritual. Não tinha encontrado uma atividade-surpresa para fazer. Achava que seria só isso.

Reavaliamos sua relação com cada um deles, o que cada presente simbolizaria, e avaliamos seu desejo de presentear também a mãe. Se sua mãe fosse ao luau, estaria preparada com um porta-retratos e uma montagem de fotos das duas juntas.

Disse que tinha pensado em colocar no fogo a folha de caderno que descobrira sobre sua origem, mas desistiu. Vai guardar para mostrar para seus filhos. Talvez copie os dados em outro papel e jogue na fogueira, representando todas as dificuldades que foram ligadas a isso. Porém, quer guardar o papel verdadeiro.

IA quis deixar marcada a próxima sessão para logo após o luau. No entanto, não foi possível em função de compromissos meus.

Essa foi uma "sessão só para relatar". É comum acontecerem sessões assim, no andamento do processo, quando as mudanças estão instaladas, e a família (ou o cliente individual) está envolvida em atividades e situações diretamente ligadas ao processo relacional e emocional, mas sociais, externas e concretas. Normalmente, isso é sinal de que uma etapa do processo está chegando ao final.

O fim desse relacionamento terapêutico (ou dessa fase do relacionamento terapêutico) está se aproximando. Essa compreensão não tira a importância das "sessões só para relatar". É uma sessão na qual o terapeuta é testemunha das mudanças e da autonomia do cliente. Isso é vital para a separação e para a fixação dos novos comportamentos. O terapeuta funciona como reforçador dos novos padrões do cliente.

13 *Mudanças nos padrões familiares*

RECEBI UM RECADO de IA, por e-mail, dois dias depois do luau. Dizia o seguinte:

Cara, querida e prezada terapeuta,

Não sei se agradeço ou se cobro. Foi muito intenso e forte o tal do luau. Quando for aí, conto em detalhes, pois não sou das melhores para escrever. Foi para valer. Até a mãe foi, assim como todos da família. Começou como uma brincadeira, como se fosse uma ordem da terapeuta. Foi ficando sério, forte, mágico e acabou na maior choradeira. Aos poucos, as pessoas foram saindo, mas os últimos ficaram na praia até o nascer do sol. Eu, é claro, fui a última a sair. Antes de sair, fiz outro ritual, de gratidão, ao sol, à vida, à minha família, a você, a mim.

Agora, porém, estou mal.

Não é nada físico, mas parece que é no corpo. Não tenho vontade de sair da cama. Parece que um redemoinho vai me pegar. Socorro! Acho que vou morrer. Ou será que é isso que é depressão? Vou tentar chorar, pois você me disse que se a gente não vive a tristeza ela vira depressão. Não quero deprimir. Quero viver. Ai que ruim!

Apesar de estar mal, acho melhor do que quando procurei você.

Estarei aí na próxima semana.

Abraços, gratidão, raiva, amor. Tudo para você.

IA? Quem sou eu?

Enviei uma resposta falando das dificuldades do processo, de como ela estava conseguindo sair do funcionamento antigo e da minha admiração pela sua coragem.

Não recebi notícias até a véspera da sessão.

Débora telefonou, pedindo que eu ligasse para falar com ela e com IA em sua casa. Ao atender ao telefone, contou-me que IA tinha quebrado a perna no dia anterior e que o médico não queria que ela viajasse, inclusive porque estava sentindo muita dor. Débora, porém, queria aproveitar o horário marcado para vir. Perguntei sobre o motivo, e ela disse que queria conversar comigo sobre o luau e outras questões familiares. Achei viável, e ela passou o telefone para IA.

A voz estava fraca e meio enrolada. Disse-me que era por causa dos remédios que estava tomando para diminuir a dor na perna. O médico não estava entendendo, pois a dor não passava com nada. Porém, ela achava que tinha tudo a ver. Que era a última limpeza e pagamento das suas dores, bobagens e coisas erradas que fez na vida. Depois disso, já poderia morrer e ir para o céu ou viver normalmente. Falou meio brincando, mas tinha um ar de séria decisão. Disse que muitas coisas tinham acontecido nessa semana, culminando com uma escorregada na escada e a perna direita quebrada. Achava bom que Débora viesse para contar-me sobre as coisas e, em seguida, passaria uma mensagem por e-mail, dando sua versão dos fatos, para que, quando Débora chegasse, eu já soubesse alguma coisa.

No final da tarde, li sua mensagem.

Terapeuta do meu coração,

Uma vez você explicou-me sobre sua teoria das recaídas. Eu achei legal, mas viver as recaídas depois que você já tem certa consciência é muito barra!

Para começar, só li hoje sua resposta ao meu e-mail de depois do luau.

Caramba, como enlouqueci!

Bem, vamos aos fatos.

Estava naquele estado ruim quando lhe escrevi, mas até esqueci que tinha escrito, e fui ficando pior cada hora que passava. Não sei explicar o que era, mas o que eu sentia era um desânimo, um fundo de poço, uma vontade de dormir e não mais acordar. Fiquei dois dias na cama, quase sem comer, sem tomar banho etc.

Depois de vários dias (na verdade não sei direito a passagem do tempo) liguei para um "amigo daqueles tempos" e pedi que me trouxesse um pouco de pó. Não sei quanto tempo passou, só lembro que ele chegou e estávamos preparando a droga, quando Henrique entrou no quarto. Não lembro direito o que aconteceu (a organização que relato é por conta do que o Henrique contou-me depois). Imediatamente, ele entendeu o que estava acontecendo, berrou, deu uns safanões no rapaz, tocou para fora de casa, voltou para o meu quarto e teve uma crise (disso, eu já me lembro, apavorada). Ele berrou tanto, bateu e jogou tanta coisa, batia-se pelas paredes como se fosse um louco. Trancou a porta à chave e disse que não ia mais sair dali. Que nós dois éramos loucos e morreríamos ali de fome e sede. Depois de uma eternidade gritando, chorando e jogando coisas, ele caiu no chão ao lado da minha cama e ficou encostado na cama chorando baixinho. As pessoas chegaram, bateram na porta, chamaram e nem ele nem eu respondemos. Só quando o Vítor disse que iam arrebentar a porta foi que eu falei que estava tudo bem. Passado um tempão, Henrique começou a falar. Disse que estava muito triste, que não sabia o que fazer. Que tinha passado maus momentos desde que começamos a mexer com as coisas do passado e da emoção. Que o luau tinha trazido de volta uma alegria, uma esperança que ele não sentia desde que tinha mais ou menos 12 anos. Que tinha vindo me ver, porque soube que eu estava de cama. Pensava que era resfriado por causa do frio da madrugada do luau. Tinha vindo para agradecer-me; com todas as minhas loucuras, eu tinha acabado por trazer de volta a esperança. Que a vida interna dele era diferente agora e que, quando entendeu que eu continuava usando droga, compreendeu que tudo tinha sido uma ilusão; ele tinha sido um idiota. Então, perdeu a cabeça. Enlouqueceu e pôs a loucura para fora. Falou um tempão da frustração, da desesperança, de como eu tinha enganado direitinho.

Você pode imaginar o meu desespero? Mergulhei na dor dele, e não conseguia articular uma palavra.

Ele ficou quieto de novo e, depois de um tempo, consegui passar a mão na cabeça dele, que estava na beirada da cama.

Uma eternidade depois, ele olhou para mim, e choramos juntos durante muito tempo. Às vezes, forte; às vezes, suave; às vezes, abraçados; às vezes, cada um na sua.

Já estava anoitecendo, e as pessoas não paravam de chamar e bater na porta. Quando ouvi a voz da Heloísa, sugeri que Henrique abrisse a porta para ela. Quando ela entrou, vi nos seus olhos o susto pela bagunça que estava no quarto. No entanto, ela só nos abraçou e choramos os três juntos. Ela disse que achava que não era hora de conversa e de explicações, mas que nós precisávamos tomar um banho e comer alguma coisa; que ela levaria Henrique para casa, e Débora ficaria comigo.

Os familiares foram embora, ninguém fez mais perguntas, e eu tomei banho, comi e dormi. Sem pensamentos, sem sentimentos, sem lembranças, sem tudo.

Acordei no outro dia, com a Débora avisando-me que ia sair e que o Henrique estava vindo para conversar comigo.

Eu estava esquisita. Leve, magra, bonita, apesar das olheiras. Arrumei-me com alegria e cuidado. Não estava entendendo, mas estava ótima.

Esperei Henrique na sala e, quando ele chegou, abraçamo-nos e, sem saber por que, caímos na risada, como a maioria das coisas que estão acontecendo, sem lógica ou explicação racional.

Conversamos, conversamos, conversamos. Umas sete horas, com intervalos para ir ao banheiro, comer alguma coisa e atender alguns telefonemas indispensáveis.

Checamos as lembranças do dia anterior, falamos sobre as coisas que ele disse e fez, contei o que eu estava sentindo e o que havia feito. Agradeci pela chegada dele, que me trouxe ao mundo de novo. Falamos, falamos, falamos. Contei para ele sobre a teoria das recaídas, e combinamos que, quando eu sentir o bip que anuncia a recaída, vou procurá-lo. Depois de tudo que já fizemos, precisamos nos ajudar para não desperdiçar o esforço.

Nessa noite, as pessoas vieram jantar conosco, e nós contamos o que tinha acontecido, o que tínhamos sentido e o que tínhamos combinado.

Então, na manhã seguinte, fui descer a escadinha de frente de casa para pegar o jornal, escorreguei e quebrei a perna.

Daí, fim, cara terapeuta. Estou de molho e com muita dor.

A Débora vai relatar o que mais for necessário.

Abraços, Izabel (acho que é assim que vou me chamar daqui para frente!).

Débora entrou na sessão com um sorriso diferente. Não parecia a mulher séria, responsável e culpada das outras sessões. Marquei isso, e ela disse que era impossível ficar a mesma depois de tudo que tinha acontecido.

Disse que tinha três assuntos: uma decisão que os irmãos tinham tomado antes do luau, o relato e as cartas dos irmãos sobre o luau, além de suas impressões sobre o que acontecera depois do luau.

Escolhia começar pelos últimos fatos.

Entregou para mim uma carta de Henrique, esperou que eu lesse. A carta era a seguinte:

Cara doutora,

Estou enviando meu relato sobre o que achei do luau, mas preciso antes dar-lhe alguns dados sobre o que aconteceu esta semana, quando entrei no quarto da IA e ela estava com um rapaz, preparando cocaína para injetar.

A primeira coisa que tive certeza era de que ela morreria se injetasse. Isso foi o que me moveu a bater no rapaz e berrar com ela. Porém, no momento seguinte, foi a minha lama que veio à tona. Duas vertentes de lembranças e sentimentos, mas as duas com a mesma frustração e desespero. Por um lado, a história da minha vida, meu pai herói, minha mãe feliz e como tudo isso desmoronou quando, no início da adolescência, fiquei sabendo os fatos reais das sacanagens do meu pai e da infelicidade da minha mãe. Como sofri e como consegui, magicamente, enterrar a dor e defender-se, sendo um homem trabalhador, dinâmico, duro, rígido. Fui o orgulho do meu pai e a segurança da minha mãe. Passei a ser desinteressado e defendido com as pessoas. A única pessoa que sempre soube quem eu era no fundo é minha mulher. Não sei como, mas sempre me mostrei para ela, com dores e impotências.

A outra lembrança que me veio foi de IA pequenininha. Como, apesar de demonstrar raiva, frieza, ironia, distanciamento por ela e pela situação, o primeiro pensamento que tive ao vê-la pela primeira vez foi de que era mais uma que eu teria que cuidar e proteger. Como vivi o tempo todo com essa ambiguidade em relação a ela. Por um lado, sentia-me responsável e com impulso de cuidar (sempre cuidei da parte dela nas empresas com mais interesse do que da parte dos outros!); ao mesmo tempo, com frustração pelas besteiras que ela fazia e raiva, muita raiva.

Quando enlouqueci, chorei, quebrei coisas e disse tudo o que me vinha à cabeça. Parece que desanuviou. Ficou tudo nos seus devidos lugares.

Não sei o que isso vai dar, mas a sensação é boa. Espero não perdê-la. Se eu conseguir manter essa clareza, creio que vou fazer algumas mudanças na minha vida pessoal e nas empresas. Tenho certo receio, ou melhor, um grande receio. A Heloísa sugeriu pedirmos sua ajuda para nós dois lidarmos com essas mudanças, mas eu acho que não será necessário.

Um abraço, Henrique.

Depois, Débora começou a contar. Ela relatou seu desespero quando a empregada telefonou-lhe, contando que Henrique chegara, batera no amigo de Izabel e que, no momento, estava no quarto, batendo nela.

Quando cheguei à casa, já estavam umas cinco pessoas batendo na porta e chamando pelos dois; de lá de dentro, só vinham urros e sons de coisas quebrando. Foi um horror! Todos do lado de fora começaram a gritar, e alguns a chorar. A casa é antiga, e a porta muito grossa. Pensaram em arrombar, quebrar, chamar um chaveiro, chamar a polícia, chamar um psiquiatra, entrar pelo telhado. O tempo ia passando, e todos enlouquecendo; apesar de mil ideias e discussões sobre o que fazer, ninguém tomava a decisão. Só saíram do marasmo quando a empregada trouxe um machado, e Vítor avisou que ia arrebentar a porta. Aí, ouviram a voz de IA, dizendo que estava tudo bem. Assim, passaram mais umas duas horas. Às vezes, chamavam, e um dos dois dizia alguma coisa. Demorou muito para Heloísa ser localizada e, quando chegou e falou com eles, Henrique abriu a porta.

Fiquei lá para ajudar IA. O quarto parecia que um terremoto tinha passado. Não tinha nada no lugar, até a cama estava virada para outro lado. A cortina estava rasgada, e os dois tinham sinais de sangue, pois cacos de vidro da janela e dos vidros de perfume quebrados voaram neles. Eles pareciam dois loucos mesmo, aqueles de filme de terror. Henrique saiu amparado pela Heloísa e pelo filho Neto. Eu precisei da ajuda da empregada para levar IA para a banheira e dar banho nela.

No dia seguinte, à noite, conversamos, todos juntos. Ninguém entende direito o que aconteceu, mas todos sentem que coisas mudaram na alma das pessoas após o luau. Ainda estamos com a sensação de que faz pouco tempo que o terremoto passou. Estamos cansados, assustados e atentos para ver se ele pode voltar.

Quanto ao luau: foi um espetáculo. Meu filho, Fernando, fez um relato da sequência dos fatos concretos e eu trouxe para você ver.

Programa do Luau

14h – Confecção da fogueira;

17h – Arrumação das coisas em volta da fogueira;

18h – Acender a fogueira;

18h30 – Em volta da fogueira, cada um dos irmãos conta histórias dos luaus da infância;
19h30 – Ritual para encerrar a fase ruim;
20h – Surpresas;
22h – Ritual para a nova fase;
22h30 – Cantos e danças até o amanhecer.

Relato

Às 14h, fomos para a praia construir a fogueira. Tio Henrique era o responsável, e não deixou as crianças pequenas irem junto; então, fomos os homens e os netos maiores. Foi muito legal. Tivemos que reconstruir várias vezes até que ficasse em pé direito e sem risco de despencar antes da hora.

As mulheres ficaram em casa, preparando as comidas, que eram de responsabilidade da minha mãe (Débora).

Tio Vítor era o responsável pela organização. Ele tinha feito um convite para cada membro da família com o programa. No dia, era ele quem coordenava os horários e acontecimentos.

Perto das 17h, todos nós fomos para a praia, levando as comidas e todos os outros materiais. Tinha coisa que não acabava mais. As comidas eram milho verde para ser assado nas brasas, carne em espetinhos para assar no fogo, frutas de todos os tipos, sucos e outras bebidas de adultos e crianças, queijo para ser derretido no fogo, outros queijos e pães de vários tipos, e doces miúdos de vários tipos. Minha avó quis ir também. Ficou na cadeira perto da fogueira, assistindo tudo que fazíamos.

Às 18h, tio Henrique acendeu a fogueira, tio Daniel fez um discurso, falando sobre o significado daquele acontecimento (ele era o responsável por explicar o que estava acontecendo para os outros da família) e nós sentamos todos em volta, preparando as comidas, comendo, e cada um dos irmãos, contando sobre os vários luaus da infância. Apesar da insistência do tio Vítor, estouramos o horário, pois junto com as histórias dos luaus, vieram muitas outras; histórias engraçadas das brincadeiras e sacanagens de quando eles eram pequenos. Nós que não estávamos presentes pudemos nos divertir com eles contando.

Mais ou menos às 20h, a IA propôs o ritual para encerrar a fase ruim da família. Ela era a responsável por coordenar os rituais. (Um pouco antes, a avó tinha sido levada para casa.) Foi um ritual pequeno, mas foi forte. Os quatro irmãos mais a IA pegaram juntos uma carta que a avó tinha escrito faz tempo e, segurando junto, cada um dizia uma palavra que significava coisas ruins que aconteceram nos últimos 30 anos na família. Depois, jogaram a carta na fogueira e, enquanto ela queimava, eles continuavam gritando as palavras. Ficou todo mundo em silêncio depois disso.

Um tempo depois, tio Daniel anunciou a etapa das surpresas. Começou com o tio Vítor, vestindo-se de mágico e fazendo um monte de mágicas bárbaras. Depois, tio Henrique e tio Daniel tocaram violão e cantaram como faziam quando eram adolescentes. Minha mãe deu a cada um dos irmãos uma fotografia (uma montagem, mas parecia de verdade), onde apareciam o avô, a avó e os cinco filhos. Para encerrar as surpresas, a IA queimou um objeto para cada um de nós. Ela dizia de quem era, o que representava e o que ela queria acabar; depois, ela deu um presente para cada um, dizendo o que queria que acontecesse dali para frente.

A IA começou o ritual para os novos tempos, que era um monte de fogos de artifício, que estavam preparados na praia sem nós sabermos, e umas varetas, que se acende e de onde saem estrelinhas, para nós queimarmos. Tio Daniel explicou o que significava; quando estavam queimando os fogos e os bastões, começamos a cantar e dançar.

Minha avó acordou com os fogos e voltou para a praia assistir os cantos e danças.

Débora contou que cada um dos itens do programa foi seguido de mil outros aspectos. Falas, sentimentos, sensações.

Nós acabamos fazendo uma grande roda em volta da fogueira e cantando sem parar, por mais de uma hora, todas as cantigas de roda da nossa infância e da infância dos nossos filhos. Nossa mãe foi junto para a areia e assistiu a primeira parte, mas ficou com frio e quis voltar para casa. Quando estávamos cantando e dançando na roda, ela voltou e ficou nos assistindo a brincar. Depois foi dormir.

Foi muito bom, foi mágico.

A minha compreensão é de que, na praia, nós limpamos as dores e mágoas, e outros sentimentos que atrapalhavam, e ficamos todos com a sensação de estado de graça. No entanto, também bem desconfiados. Com a loucura do Henrique e a conversa do dia seguinte, parece que juntamos o encantamento do luau com a dureza e as dificuldades do dia a dia.

Débora trouxe por escrito o relato de cada um dos irmãos, que era praticamente o mesmo: emoção, resgate de um bom sentimento, esperança.

Débora, então, passou para a outra questão:

O terceiro assunto é referente a uma conversa que tivemos, os quatro irmãos mais velhos, uns dias antes do luau, sem a participação de IA. Estávamos conversando sobre a confusão que estava sendo esses preparativos, daí fomos para discutir e avaliar essa coisa chamada terapia de família e concluímos que, assim que passasse o luau, iríamos encerrar a terapia de família, pois o risco era não parar nunca mais de trazer porcarias à tona. Decidimos fazer uma festa de Natal, só a família, e fechar o ano com tudo o que teve de bom e ruim. Seguindo a conversa, Vítor pediu-me ajuda para comprar uma joia para a mulher dele. Disse que queria algo especial, de presente de Natal, mas também porque não tinha dado nada para ela quando o filho caçula nasceu. Isso trouxe à lembrança o fato de que, a cada filho que nascia, meu pai dava para minha mãe uma super joia, linda, grande e cara. É claro que, quando IA surgiu, a mãe não ganhou nada. Então, decidiram encerrar esses rituais terapêuticos familiares usando as joias. Fiquei de conversar com a mãe; quando falei, não sei se ela entendeu direito, mas disse que nós podíamos fazer o que quiséssemos. Portanto, já está combinado que, na festa de Natal, cada um de nós vai ganhar de presente da mãe a joia que ela ganhou quando o filho nasceu, e nós vamos, juntos, comprar uma joia do mesmo padrão e dar para IA. Com isso, pretendemos encerrar a história de que IA não era da família.

Concordei com o desejo de encerrar o processo da família e conversaria com Izabel sobre isso.

Há algum tempo, organizei uma Teoria das Recaídas para auxiliar os clientes a lidar com a situação paradoxal das melhoras e das pioras dentro do processo terapêutico. É uma forma simples e concreta que uso para inserir a noção de recaídas de processo e a proposta de desenvolvimento da capacidade do cliente de gerir seus próprios controles das recaídas. Explico que as recaídas são: **inevitáveis**, **desejáveis**, **administráveis**, "**preveníveis**" (passíveis de serem descobertas com antecedência e evitadas).

São **inevitáveis** porque a natureza, a vida, é pulsátil, abre-fecha, começa-termina, sobe-desce, contrai-expande. É um movimento inevitável. Sempre vai haver uma recaída, uma volta ao estágio anterior. Nas aprendizagens, nos sintomas, nos controles, em tudo.

São **desejáveis** porque, através das recaídas, pode-se avaliar o processo e os progressos. Fica-se sabendo o que já está consolidado e o que merece mais cuidado, mais treino, mais esforço.

São **administráveis**, pois é possível lidar de forma funcional com elas. As formas de administrarem-se as recaídas são:

» saber dessa teorização;

» ao perceber-se em recaída, olhar para frente (ver o caminho que se tem para fazer, o processo) e para cima (como algo do processo, um item que faz parte, que é da evolução);

» evitar olhar para trás (como se tivesse voltado ao começo, uma regressão sem saída) e para baixo (ver como incapacidade, incompetência, má vontade, sem saída).

São **preveníveis**, pois, após tomar consciência dos comportamentos e padrões, e treinar administrar as recaídas, vão sendo percebidos os sinais da recaída. Conforme se identificam os sinais, mudam-se coisas e situações, de forma a evitar ou retardar a recaída.

Essa sessão foi a mais forte de todo o processo, para mim. Até agora, fico reverberando os acontecimentos, os relatos e os meus sentimentos. Isso traz à tona toda a complexidade de ser terapeuta de família; de como, às vezes, ao puxar um laço, desenredamos todo o novelo. Essa sensação e crença trazem o contato com meus mestres de terapia familiar que, com certeza, por terem vivido essas cenas, podem ensinar e falar delas com tanta verdade e poesia. Citando Minuchin[50],

> Quando os terapeutas de família começam a analisar esses padrões destrutivos de interação, parte do que fazemos é desenredar os indivíduos de suas reações automáticas entrelaçadas. Nós os ajudamos a descobrir sua individualidade, seu poder e sua responsabilidade. É paradoxal. Ao ajudar as pessoas a compreender suas

50 MINUCHIN, S.; NICHOLS, M. P. **A cura da família**. São Paulo: Artes Médicas, 1995. p. 66.

conexões, nós as capacitamos a assumir a responsabilidade por suas escolhas e mudanças.

Como uma das crenças fundamentais do meu trabalho, tenho que a terapia familiar deve também permitir que a família e seus membros reapropriem-se da capacidade de autodeterminação num contexto familiar mudado, no qual vão se redescobrir e serão ativadas potencialidades terapêuticas não expressas num primeiro tempo, dando um significado diferente aos sintomas: não como estigma, mas como sinal e oportunidade de crescimento.[51]

Apesar de trabalhar há anos com famílias, ainda fico mobilizada pela força de reorganização e de saúde que todas as famílias têm, como pela interdependência sistêmica.[52] Esta é uma das grandes riquezas da terapia familiar: tratar ao mesmo tempo da individualidade e dos padrões relacionais, ampliando as histórias individuais e mudando a perspectiva da família. Quando os membros da família param de dar ênfase ao comportamento frustrante dos outros e começam a ver a si mesmos como interligados, descobrem novas opções de relacionamento.[53]

A questão de encerrar a terapia de família foi bem aceita por mim, tendo em vista que os objetivos de possibilitar novos modelos de interação tinham sido atingidos. Não trabalho com o conceito de alta, mas sim com a ideia de que o

51 ANDOLFI, 1991. *Op. cit.*, p. 17. WHITAKER; BUMBERRY. *Op. cit.*, p. 54.

52 MINUCHIN; NICHOLS. *Op. cit.*, p. 267.

53 MINUCHIN, S. **Família, funcionamento e tratamento**. São Paulo: Artes Médicas, 1990. p. 23.

processo é contínuo e eterno. Portanto, defino só os objetivos daquela fase. Quando eles são atingidos, a família encerra as sessões e vai lidar no dia a dia com o que aprendeu na terapia ou definem-se novos objetivos por um novo tempo. No momento em que a família mostra-se preparada para testar sua autonomia, independente do apoio do terapeuta, o processo terapêutico move-se em direção a uma finalização.[54]

A relação que se estabelece com o cliente deve ser, acima de tudo, terapêutica para ele.[55] Essa é a responsabilidade e a tarefa do terapeuta. A interação do sistema terapêutico (terapeuta × cliente) deve acrescentar funcionalidade ao padrão da família ou do indivíduo. Toda ação relacional do terapeuta, dentro ou fora da sessão, deve passar pelo crivo de ser útil para a aprendizagem do cliente. Algumas vezes, é útil para a aprendizagem do cliente que o afeto e a emoção do terapeuta sejam expressos na sua real intensidade. Quando isso ocorre, é puro prazer e encantamento. A resposta à mensagem de Izabel não foi uma conotação positiva dos comportamentos, mas sim a expressão real do meu afeto e admiração pelo processo que ela estava fazendo.

Compreender, aceitar e lidar com as recaídas do cliente são outros aspectos difíceis do trabalho sistêmico. Se o terapeuta assustar-se, desacreditar de si ou do cliente quando este recair, abrirá um buraco negro entre o que ele diz e o que acredita ou teme. Dessa forma, perde a possibilidade de fazer uso terapêutico desse episódio. Acima da técnica

54 ANDOLFI *et al.* 1990. *Op. cit.*, p. 78. GROISMAN. *Op. cit.*, p. 124.

55 ANDOLFI, 1991. *Op. cit.*, p. 146.

e da teoria, o terapeuta tem que ter fé e crença nas suas propostas terapêuticas.

Quando penso ser hora de redefinir objetivos, definir novos ou encerrar essa etapa de terapia, retomo sempre o pensamento de Virginia Satir[56] sobre o assunto. Ela aborda que o tratamento é completado quando:

» os membros da família podem completar transações, fazer verificações, perguntar;

» podem interpretar hostilidade;

» podem ver como eles próprios se veem;

» um membro pode dizer ao outro como este está se manifestando;

» um membro pode dizer ao outro o que deseja, teme e espera que este faça;

» podem discordar;

» podem fazer escolhas;

» podem aprender através da prática;

» podem se libertar dos danosos efeitos dos modelos do passado;

» podem transmitir uma mensagem clara, isto é, podem ser congruentes em seu comportamento, com um mínimo de diferença entre o sentimento e a comunicação, assim como um mínimo de mensagens veladas.

---

56 SATIR. *Op. cit.*, p. 256.

14

Final do processo com o terapeuta

POR QUATRO MESES, tive notícias de Izabel e da família através das suas mensagens por e-mail.

Foram três mensagens antes de ela ir para a Espanha e seis durante os três meses que passou lá.

10/12/1997

A Débora disse-me que lhe contou que a família está decidida a não fazer mais terapia de família. Eu estou de acordo. Eles foram por minha causa, e eu já estou nas minhas próprias pernas. Sou grata a eles e a você. Vou dizer isso a cada um deles. Pretendia dizer isso logo a você, pessoalmente, mas estou com dificuldades para ir até aí por causa da minha perna e dos preparativos para minha viagem.

Nós tínhamos falado vagamente em fazer uma avaliação de tudo antes de eu viajar, mas pensei que poderia lhe escrever o que eu vejo e, em fevereiro, quando eu voltar da Espanha, marco uma sessão, e reavaliamos juntas.

O que você acha?

Um abraço, Izabel.

15/12/1997

Tenho batido a cabeça para escrever a avaliação do processo, e não consigo fazer algo inteligível.

Acho que foi muito bom, profundo e interessante.

Eu sou outra pessoa, mais alegre, mais responsável, mais segura, mais, mais, mais... (Parece babaquice ficar repetindo isso!) Na verdade, a grande mudança é que não entro em desespero. Os problemas continuam, as dificuldades também, mas eu consigo acreditar que existe uma luz no fim do túnel (e não é o trem que vem vindo!)

Todos na família estão mudados. Não sei o que é de verdade e o que é circunstancial, mas todos foram tocados pelas sessões aí e pelas "sessões" que fizemos na vida. Como família, aprendemos a falar dos sentimentos e das dificuldades. Não deixamos para depois, pois sabemos que pode complicar. Estamos mais próximos e honestos.

Chega isso, não é?

Um abraço, com carinho, Izabel.

21/12/1997

Querida amiga terapeuta,

Foi para matar de emoção a festa de Natal! A Débora disse-me que você estava sabendo das propostas das joias. Foi lindo, lindo, lindo. Nós preparamos a festa para ontem por causa da viagem da Patrícia amanhã. Era uma festa comum de Natal: muita comida, todos muito bonitos e muitos presentes.

A mãe estava melhorzinha, parecia entender e participar dos fatos. Fizemos as trocas de presentes como manda o figurino, e estava tudo bem.

Então, quando todos já estavam querendo ir comer, a Débora disse que tinham algo especial para fazer. Começou contando das histórias das joias que o pai dava para a mãe quando cada filho nascia. Depois, disse que os irmãos tinham decidido, e a mãe estava de acordo, em repassar para cada filho as joias. Foi muito emocionante, pois a mãe foi falando o nome do filho, entregava o pacote de presente e abraçava e beijava como nunca a vi fazer.

Eu fiquei meio tristonha, pois sabia que não tinha joia para mim. Quando todos receberam e as joias estavam circulando para todos verem (uma é mais linda e rica que a outra!), a Débora falou que ainda não tinha acabado e disse que, como não tinha joia para mim, os quatro irmãos tinham decidido comprar uma joia semelhante para presentear-me e encerrar de uma vez por todas as histórias de não ser da família. Quase desmaiei de susto! Os quatro juntos entregaram-me. É um conjunto de ouro branco com safiras, maravilhoso. São brincos, anel, um colarzinho e a pulseira. Lindo, delicado (e caro!).

Chorei feito uma louca! Todos choramos (e também combinamos parar com essas choradeira conjuntas!).

Foi muito legal. Adorei.

Hoje bem cedo, fui para uma chácara da mãe aqui perto e enterrei o álbum que fiz com as "fotos" da minha família verdadeira. Nem abri, nem li as bobagens que tinha inventado, nem vi as fotos. Enterrei tudo e rezei um pouco por todos, eles e nós. Acabou. Que o tempo, água, terra, sol derretam todas as confusões do passado (que bonito, parece você falando!).

Viajarei no dia 29/12. Tenho estudado muito para poder aproveitar melhor o que vou fazer lá. Não tenho pensado sobre como será porque não quero ficar mais ansiosa.

Darei notícias, Izabel.

02/01/1998

Cheguei a Barcelona só no dia 31, após uma viagem cheia de atrasos e confusões. A casa em que vou ficar é legal, e o casal de pais é simpático. Os filhos são gentis. Porém... você não vai acreditar no que aconteceu já no primeiro dia! À noite, o filho convidou-me para ir com ele numa festa na virada do ano, e eu fui. Era esquisita, o pessoal estranho e, depois de um tempo, percebi o que era! Todo mundo na festa cheirava! Levei um tempinho para sacar (será possível a uma especialista não enxergar sua especialidade?!) e quase entrei em pânico. Não tive o mínimo impulso de cheirar. Pedi um táxi e voltei para casa. Passei a meia-noite sentada num banco do jardim da casa; o frio era muito intenso, mas eu sentia-me aquecida. Foi bom.

Não forcei para falar com Alejandro (o filho) sobre o assunto, nem sei se falarei.

Tive hoje minha primeira aula. Na avaliação, fui muito bem e vou fazer o último nível do curso.

Estou meio assustada, mas sobrevivendo.

Abraços, Izabel.

17/01/1998

Estou adorando.

Tive uma conversa com o Alejandro, e combinamos que farei todos os programas para os quais ele convidar, desde que não seja só com cheiradores. Já saímos junto, e não rolou nada. Acho que vou acabar ajudando esse moleque. Ele tem 21 anos, mas parece que tem 15.

No curso, estou muito bem. Tão bem que resolvi que vou fazer um programa complementar de espanhol comercial, turístico e empresarial. São dois meses de aulas e estágios.

Só voltarei, então, no final de março.

Abraços, Izabel.

01/02/1998

Está tudo bem. Às vezes, tenho crises de saudade; às vezes, parece que sou daqui, estou em casa. Tive alguns problemas com o pessoal com quem eu estava morando; nada sério, mas resolvi sair de lá. Estou dividindo um apartamento com uma russa e uma dinamarquesa. Por sorte, falamos espanhol! Está legal, pois estou aprendendo a conviver sem criar muitos casos.

Estou encantada com os estágios e curso que estou fazendo. Tenho viajado muito.

Abraços, Izabel.

15/02/1998

Você não vai acreditar! Ontem à noite, entre conversas e vinhos no nosso apartamento, estávamos nós e mais seis pessoas, e alguém surgiu com um livro de significado de nomes. Eu fui ver o significado do meu nome, pensando que precisava ver o dos dois: Izabel e Elizabete. Para surpresa minha, descobri que os dois têm o mesmo significado! Ou melhor, Izabel é derivado de Elizabete, que significa consagrada a Deus.

O que você me diz disso?

Eu adorei!

Abraços, Izabel.

10/03/1998

Estou apaixonada! Ele é lindo, espanhol, médico e um monte de coisas maravilhosas, mas o melhor é que ele acha que eu sou linda, maravilhosa etc. etc. etc.

Não lhe contei, mas, nesses dois meses e pouco, namorei muito, fiz tudo o que tinha vontade de fazer, mas nada me fisgava. Há três dias, conheci Juan, na rua. Eu tropecei, e ele segurou-me. Daí para conversarmos e nos apaixonarmos, foram só dois minutos.

Estou encantada!

Abraços, Izabel.

25/03/1998

Vou voltar para casa amanhã. É o que eu mais quero, mas não quero. Foi maravilhoso, aprendi tudo que faltava para eu virar uma mulher adulta, mas estou louca de saudade da minha família, da minha cama, do calor.

Meu namoro continua; porém, apesar de muito bom, não acredito que vá sobreviver à distância.

Logo estarei aí com você.

Abraços, Izabel.

Na semana seguinte à sua volta, marcou uma sessão. Trouxe anotados todos os itens que queria me contar. Começou pela sua experiência de estar longe da família, como sentiu falta de todos e como sabia, a cada momento, que estava completando suas aprendizagens pessoais. A insegurança, a solidão, as rejeições que viveu ensinaram-lhe a lidar de forma diferente com tudo isso. Foi difícil, mas muito rico. Seu namoro com Juan passou da fase de paixão absoluta para a fase de reconhecimento das diferenças e semelhanças e, agora, estava em suspenso. Foi pouco tempo para conhecerem-se, mas sabem que têm muitas afinidades e algumas diferenças importantes. Ele queria fazer planos e programas, mas ela não aceitou; então, decidiram ver no que dará. Têm se falado e escrito, e ela está com saudade, mas não tem previsão do que acontecerá.

Contou sobre a festa de Natal. Sobre os detalhes das joias, da emoção. Trouxe o seu presente para eu ver.

Avaliamos sua aprendizagem nesse tempo e clareamos o que ainda precisava aprender. Basicamente, ela tinha aprendido a assumir sua própria vida e seus riscos, sem ficar presa em opiniões, desejos e críticas dos outros. O que precisava ser feito, agora, era definir um projeto de futuro. Conforme ele fosse posto em prática, apareceriam as dificuldades que precisariam ser enfrentadas e as aprendizagens necessárias.

Nesse momento, estava avaliando o que poderia fazer. Tinha uma possibilidade de trabalhar nas empresas, na área de exportação e importação, ou montar algo para ela, além de muitas outras hipóteses. Não conseguia ter uma ideia clara do que lhe atraía mais.

Encerramos essa etapa de terapia, combinando que ela marcaria uma sessão dentro de seis meses para avaliarmos o andamento.

O final de um processo terapêutico retoma a ideia de que a terapia possui os mesmos elementos de aprendizagem que a vida oferece; entre eles, pertencer e separar-se, união e acomodação.[57] Aprender a pertencer e a separar-se funcionalmente é uma das questões que acompanham o ser humano durante sua existência. União e separação parecem andar lado a lado e desenvolver-se mediante um processo circular.

57 ANDOLFI; ANGELO. *Op. cit.*, p. 38-39.

Acredito que o processo de vida é contínuo e que a fase de acompanhamento terapêutico é realmente só uma fase. Então, sempre que se encerra um processo de terapia (independente se os objetivos foram alcançados ou não, se eu estou de acordo com a parada ou não, se fui eu quem sugeriu ou o cliente), avalio com o cliente quais as aprendizagens realizadas naquela fase, quais os ganhos e quais seriam as próximas aprendizagens e etapas do processo. Dessa forma, o cliente vai embora com dados sobre o caminho a seguir, e eu cumpro minha tarefa de acrescentar algo ao processo de quem me procurou profissionalmente.

15
Seguimentos

Em outubro, recebi uma carta de Izabel.

Barcelona, 01/10/1998

Cara terapeuta,

Tínhamos combinado que eu marcaria uma sessão nesse mês, para avaliarmos o andamento da minha vida. Não vou marcar! Porque não vou! Brincadeiras à parte, minha vida deu uma super mudada, e eu vou lhe relatar.

Após a última sessão, passei mais ou menos um mês curtindo as pessoas e tentando descobrir algo útil e bom para fazer. Paralelo com isso, Juan não me esqueceu, nem eu a ele. Telefonávamos e escrevíamos direto, e eu comecei a sentir saudade e pensar na proposta dele de vir para Barcelona e casarmos. (Não sei como ele continuava solteiro. Ele é louco para casar!) Tive muitas conversas com meus irmãos e minhas cunhadas e acabei decidindo vir ver o que daria.

Estou em Barcelona desde junho. Estou morando com o Juan, mas não quis ainda casar. Nesses dois meses e pouco, estamos nos conhecendo. Ele é uma pessoa interessante e boa. Damo-nos bem, e ele segura as pontas nas minhas recaídas (logo falarei delas!), mas não sei se quero me casar. Não me afino com a família dele. Eles são muito tradicionais (imagine que nenhuma das mulheres – mãe, duas irmãs e uma sobrinha adulta – trabalha fora, nem tem profissão!), e a mãe é muito dependente dele, que é o único filho homem. Ele diz que minhas dificuldades com elas são por causa das dificuldades da minha história de vida. (Contei tudo para ele e, como ele fez um treinamento em Psicanálise na saída da faculdade, adora me analisar!) Por enquanto, estou conseguindo manter o que temos de bom e não tomar uma decisão, mas sei que não será por muito tempo, pois o Juan não é mais criança (tem 32 anos) e deseja organizar a vida, ter filhos etc.

Estou trabalhando numa empresa brasileira que tem uma filial aqui e estou adorando. Por enquanto, estou passando nas várias áreas; porém, se eu ficar na Espanha, assim que conhecer todo o funcionamento da firma, devo ficar na área de importação e exportação.

Quanto às recaídas... (Elas nunca acabam?!) Nunca mais usei cocaína. Isso me parece coisa de outra encarnação, de tão antigo e distante. Quando falo em recaídas, é mais no jeito de ser, nas emoções. Às vezes, fico deprimida, com certeza de não ser amada, de não pertencer. Tenho vontade de morrer, de não pensar. Penso que, se tenho dinheiro, devia ficar o dia inteiro dormindo e viver de rendas. Às vezes, isso tudo é rápido; às vezes, dura dias. Tive algumas crises de vômitos intensas e que duraram várias horas.

O Juan ajuda-me a superar e depois a pensar sobre o que desencadeou a crise, o que eu estava sentindo antes da crise e outras coisas que aprendi com você; ele aprendeu isso comigo e, quando eu preciso, ele aciona. No entanto, para ser honesta, gostaria que esse tipo de coisa não acontecesse mais. É claro que está bem melhor; cada dia que passa, tenho mais controle e menos desespero.

Então, é assim que as coisas estão.

Darei notícias quando casar ou quando voltar ao Brasil!

Abraços, Izabel.

Em dezembro, recebi um presente de Natal.

Na verdade, demorei em compreender. Recebi um embrulho com papel de presente e um pedaço de um objeto que eu não entendi o que era. Quase joguei no lixo. Só não o fiz porque, na caixa, tinha uma etiqueta que reconheci ser de uma das empresas da família de Izabel.

No dia seguinte, chegou outro embrulho, com um bilhete de Débora.

Dra. Solange

Espero que não tenha jogado fora a primeira peça. Estamos lhe enviando um presente de Natal, de toda a família. O primeiro era do Daniel (que resolveu mandar sem nenhuma palavra de explicação – disse ele, para ver se você é realmente boa de descobrir o que não é dito). Este é meu, e seguirão outros.

Um abraço, Débora.

Era uma cabeça.

Nos dias que se seguiram, fui recebendo outras peças, só com um bilhete dizendo quem estava mandando. Foram 11 pedaços; dois de Daniel, três de Débora, quatro de Vítor e dois de Henrique. No 12º pacote, havia um bilhete de Izabel, com uma placa de metal com o nome da escultura e do escultor.

Oi,

Continuo na Espanha, mas não resisti quando me contaram o que estavam aprontando para você e disse que também queria participar. Por isso, fiz a placa e este bilhete e enviei para eles mandarem assim que terminasse a parte deles.

Mil beijos e muito obrigada por tudo, Izabel.

Também havia uma carta, assinada por Débora e por Henrique, mas com o "tom" dele.

Cara doutora,

Numa das reuniões familiares que tivemos (temos tido várias depois de tê-la conhecido!), avaliamos os ganhos e as perdas de tudo que aconteceu a partir de a Débora ter procurado terapia familiar por causa das loucuras da Izabel. Somos honestos em contar-lhe que a balança fica equilibrada: muitas coisas melhoraram, mas muitas coisas difíceis aconteceram.

Todos foram tocados pelas experiências e, com certeza, aprendizagens importantes foram feitas, mas nossa gratidão é maior ao vermos como a Izabel está. Ela é outra pessoa ou, como diz Patrícia (que está pensando em virar psicóloga!), "Ela se reencontrou!"

Decidimos, então, manifestar nossa gratidão concretamente, mas tinha que ser de uma forma parecida com o que passamos na sua mão. Assim, pedimos para esse escultor fazer uma obra rara. São peças que se encaixam e que podem ser reagrupadas, como o dono quiser e o humor permitir. Na verdade, acabou saindo uma escultura que são duas pessoas tocando-se, mas que o tipo do contato muda de acordo como mudam as partes das pessoas, as posições e os encaixes.

Esperamos que tenha gostado; queríamos que experimentasse um pouco do seu próprio veneno, mas sem ofendê-la. Pelo contrário, é nossa forma de agradecer e dizer que compreendemos e gostamos do seu trabalho.

Feliz Natal, seja feliz!

Henrique e Débora, em nome de toda a família.

Agradeci o presente, com o seguinte bilhete:

Caros amigos,

Sou honesta em relatar que o presente surpreendeu-me, intrigou e encantou! No final, achei que a escultura deveria ter o nome de "Terapia Familiar"!

Agradeço o presente e a oportunidade de conhecê-los e trabalhar com vocês.

Quero brindá-los com uma citação sobre terapia familiar que me encanta:

"Existe uma canção que precisa ser cantada em nossa cultura: a canção dos ritmos dos relacionamentos, das pessoas enriquecendo-se e expandindo-se mutuamente. O ruído e o tumulto da vida cotidiana, muitas vezes, abafam o som das harmonias que tornam possível a vida compartilhada – as melodias da mútua acomodação e apoio que cimentam a interação humana. Nós nos detemos nas desigualdades, criando dificuldades, e não prestamos atenção aos padrões que tornam possível a vida familiar, as harmonias que não valorizamos." (Salvador Minuchin e Michael P. Nichols. A cura da família, p. 265)[58].

Um abraço, Solange.

O seguimento dos casos possibilita certificar-me das mudanças ocorridas, mas sempre sabendo que os novos fatos do dia a dia dos clientes dão uma nova visão a tudo que aconteceu. Avaliar os resultados de uma terapia, através das notícias recebidas nas entrevistas ou contatos de seguimento, à distância, é indubitavelmente uma operação complexa, seguidamente incompleta ou pouco precisa.

Se a terapia não é uma operação reparadora, de cura, dirigida simplesmente à resolução do sintoma, mas uma tentativa de modificar o mundo dos significados atribuídos a situações problemáticas, devemos verificar isso no seguimento. Isto é, se, e em que medida, mudou para a família e para seus membros individualmente o significado relacional

58 MINUCHIN; NICHOLS. *Op. cit.*, p. 265.

do comportamento sintomático e dos comportamentos satélites que o emolduram. Se os sintomas desapareceram, devemos observar como se modificou a configuração relacional familiar e o espaço pessoal de cada um.

Citando Andolfi[59],

> Hoje, estamos mais interessados em avaliar à distância as capacidades organizadoras e reorganizadoras da família que o comportamento de um de seus membros. Os sintomas e sua evolução servem-nos como referencial para enquadrar todo o processo de aprendizagem da família. Se essa recuperou a confiança em seus recursos internos e usou concretamente tais recursos, superando o impasse que a trouxe para a terapia, o impasse foi utilizado produtivamente; integrando-se a novos elementos, transmuta-se em oportunidade de crescimento: o grupo se converte num "laboratório relacional" em potencial, no qual se experimentam diferentes relacionamentos, funções e modos de ser.

O seguimento inclui uma variedade de procedimentos como continuação sutil de uma terapia. Durante um tempo, o terapeuta desempenhou uma função de regente de cena terapêutica. Com o final dos encontros agendados, a família transforma-se realmente em protagonista da terapia, e o dia a dia torna-se o tempo e o lugar de elaboração e verificação do aprendido no consultório do terapeuta.[60] A avaliação

---

59 ANDOLFI; ANGELO. *Op. cit.*, p. 112.

60 *Ibid.*, p. 114.

dos dados obtidos nos seguimentos efetuados à distância, com muitas famílias, evidenciam que as imagens criadas em sessão, e ali representadas por objetos metafóricos ou ações dramáticas, têm uma capacidade de persistência e reverberação altamente superior àquelas produzidas por comunicações e intercâmbios verbais.[61]

Ao encerrar esse atendimento, como quando encerro cada um dos casos, todas as dúvidas e certezas vieram à minha cabeça. Ao avaliar os acontecimentos e as intervenções, mais uma vez tenho a certeza de ser somente um instrumento. Um instrumento para que a força de vida e de saúde das famílias possa vir à tona.[62] [63]

61 MINUCHIN, 1990. *Op. cit.*, p. 114.

62 SATIR. *Op. cit.*, p. 264.

63 KEENEY, B. **A improvisação em psicoterapia**. Campinas: Psy II, 1995. p. 143.

16 Como tudo surgiu

Ao iniciar esse trabalho, decidi que começaria fazendo o relato do andamento do caso e, depois, faria a complementação dos aspectos técnicos e teóricos.

Quando terminei a primeira etapa do trabalho, fiquei com a sensação de que estava sem alma. A história era forte, intensa. Emocionava-me a cada vez que relia, mas faltava alguma coisa. Debati-me muito até descobrir o que era: a minha própria alma. Digo isso por acreditar que é a minha forma de ser que faz a diferença na maneira de ensinar e formar terapeutas.

Se eu não tivesse nascido numa família paterna de italianos, na qual fui a primeira mulher a nascer em três gerações; se não tivesse sido a "santa loucura" do meu pai; se não tivesse sido a força do meu marido; se não tivesse sido a companhia profissional e pessoal da Tereza; se não tivesse tido a coragem de andar na solidão... não teria feito a síntese que agora relatei.

Na família de origem de meu pai, só havia homens. Quando nasci, tive o privilégio de ser muito paparicada, com todas as joias e enfeites que tinham a possibilidade de me dar, e também tinha toda a liberdade que a companhia masculina podia proporcionar: campo de futebol (nunca para ser a jogadora, mas a chefe da torcida, com sombrinha e tudo que uma menina tinha de ter...), jogos de mocinho e bandido, passeios pelo mato e os outros programas tidos como "de meninos". Desde que nasci, aprendi a qualificar e integrar as forças masculinas e femininas. Elas não brigavam, mas organizavam, desorganizavam e integravam-se.

A forma de ser de meu pai, pouco convencional para a época, ensinou-me (desde quando fugi de casa, aos 18 meses) que regras existiam para ser cumpridas e que uma pessoa só deveria desafiá-las se tivesse cacife para isso. Guardo, ainda, muitas lembranças de sua forma explícita, realista e crua de ensinar as coisas da vida: "Você pode fazer qualquer coisa, desde que se responsabilize por resultados e consequências"; "Escolha enquanto tem autonomia para isso; depois, não adianta chorar com o álibi de que foi enganada". Certamente, isso tudo teria me deixado aterrorizada ou psicopática não fosse a lucidez de minha mãe. Em tudo, dizia ela, sempre existem aspectos positivos e negativos, e eu poderia aprender com os dois.

Aos 18 anos, meu marido "casou-me com ele". Aceitei a ideia, não pensei muito e, hoje, tenho clareza de que sou também o resultado da sua força, firmeza e bondade, que soube me prender ao chão, como uma forte âncora, em alguns momentos; porém, também soube não dificultar, e sim apreciar meus voos independentes.

Desde o começo, da universidade, Tereza Christina S. F. Brandão e eu fomos amigas, parceiras, co-criadoras. Muito do que está nesse relato tem a sua participação. Temos formas opostas de funcionamento; porém, durante anos, fomos mútuas incentivadoras e pudemos usar o que cada uma tinha de melhor para auxiliar no crescimento da outra. Foi uma vida de estudo, trabalho, pesquisa, ajuda, desafios.

Minhas crenças como terapeuta, minhas buscas e minhas descobertas têm como base a vivência com essas pessoas, somada à minha jornada profissional e à voz dos mestres.

Minha forma de ser – ativa, desafiadora, insatisfeita com verdades absolutas, explícita nas relações – determinou as escolhas profissionais. A primeira especialização foi em Psicodrama. A filosofia e a forma de ver o homem; a proposta da terapia como um espaço de ação e relação; os conceitos de espontaneidade e criatividade, aqui e agora, catarse de integração, Tele e Encontro; as teorias de desenvolvimento de Matriz de Identidade e do Núcleo do Eu passaram a fazer parte da minha bagagem.

Depois, surgiu a Terapia Corporal. Encantei-me e incorporei a compreensão do ser humano como um campo energético, assim como a possibilidade de a terapia ser realmente atuante, sem dicotomizar a pessoa. Principalmente, incorporei a possibilidade real e concreta de fazer um trabalho preventivo. Introjetei, então, a teoria de Formação de Caráter, a leitura corporal e dos Tipos Básicos de Caráter, a compreensão energética.

Então, surgiu a Terapia Sistêmica. O surgimento dos conceitos sistêmicos na minha vida é indelevelmente marcado pela presença de Zélia Nascimento que, em 1980, introduziu-me nesse universo. Principalmente pela sua forma de ser e de ensinar, fez-me ver aspectos meus que tinham sido desqualificados até então, como "pouco terapêuticos". Assim, a compreensão sistêmica e a permissão de ser firme, direta, humorada, explícita, perseverante e intuitiva abriram-me a possibilidade de integrar tudo o que eu era como pessoa ao que eu era como terapeuta.

A supervisão profissional e o contato amigo de Fiorângela Desidério também me ajudaram a fazer outras integrações importantes no meu trabalho.

Desde o início da minha fase de Terapeuta Sistêmica, eu já era, junto com Tereza, uma terapeuta sistêmica muito diferente; nós trazíamos integrados outros modelos. Para clarear essa diferença, resolvemos dar um nome e, em 1989, batizamos o novo modelo de **Terapia Relacional Sistêmica**.

Sistêmica porque o enquadramento, a proposta terapêutica, o trabalho focado e a leitura básica são realizados dentro desse enfoque; **relacional** porque integramos a proposta relacional do Psicodrama, propondo um trabalho focado na relação terapêutica paciente/terapeuta, na compreensão dos conteúdos relacionais da situação real do paciente, na compreensão do homem como um ser em relação e nas Terapias Corporais, que permitem auxiliar o cliente a perceber e ter mais controle sobre seus traços de caráter, através do trabalho relacional na sessão terapêutica.

Durante vários anos, construímos nossa forma de trabalhar seguindo os pressupostos Relacionais Sistêmicos, organizamos um Projeto de Residência Clínica e reorganizamos os Cursos de Formação.

Em 1993, acreditei que tinha acabado a fase de trabalhar em uma instituição e com formação de terapeutas. Estava cansada e sem ilusões. Passei a trabalhar sozinha, a degustar a solidão profissional (após tantos anos de parceria e compartilhamentos) e a cunhar minha forma individual de trabalhar e de ver o trabalho terapêutico. Depois de três anos, acreditei estar pronta novamente para acompanhar terapeutas na sua formação relacional sistêmica.

Revi o modelo, redefini objetivos e está em curso minha nova forma de trabalhar, exposta nesse relato.

A voz dos mestres, através de livros, vídeos e da presença viva, norteia meu trabalho. Na minha atuação como terapeuta, podem ser identificadas a influência, a ideia e a "presença terapêutica" de Minuchin, Whitaker, Andolfi, Satir, Erickson e Keeney. Moreno, Reich e Lowen estão sempre nas entrelinhas. Além desses, tantos outros, cuja lista seria muito extensa para ser citada.

No contato direto com os mestres, o treinamento que fiz com Maurizio Andolfi em Roma, em 1988, foi muito significativo. O que aprendi com ele e com colegas de várias partes do mundo foi muito importante, assim como a vivência real da diferença, positiva e negativa, de ser uma terapeuta brasileira frente aos terapeutas dos países desenvolvidos. No entanto, o impacto mais forte foi interno, na avaliação do "**para quê**?". A partir das dores e dificuldades vividas no período do curso, passei a rever e redimensionar meus objetivos, meu caminho profissional. Sei que essa experiência romana foi decisiva nas definições e mudanças de rotas profissionais e pessoais.

Durante anos de contato com profissionais de todo o Brasil, em Congressos, Encontros e encontros, ligações e Associações profissionais, fui percebendo que minha essência profissional é clínica. Sou uma clínica. Felizmente, temos valiosos profissionais que trabalham arduamente, presenteando-nos com teorizações, estudos epistemológicos, conceituações, princípios. Graças a eles, posso fazer um trabalho clínico embasado e consistente.

Devido a todas essas experiências, aprendizagens e mudanças, meu trabalho chegou ao ano 2001 com identidade e personalidade próprias. O foco central do meu trabalho clínico é ajudar o cliente a desenvolver consciência do seu funcionamento, a realizar aprendizagens e desencadear as mudanças necessárias. O foco mantém-se o mesmo, mas o objetivo vai se modificar em cada caso, em função do pedido, dos sintomas, das pessoas envolvidas, dos dados de realidade, do momento, da pertinência do cliente, entre outros elementos. A forma de trabalho – sessões individuais, de casal, família ou grupo; intervalo entre as sessões; tipos de tarefas e de encaminhamentos; sessões de reorganização sistêmica ou sessões processuais – será sempre definida em função do objetivo.

Assim também é o relato que fiz: clínico e intimista, relacional e sistêmico, corajoso e receoso, pessoal e público.

Lembrando Erickson[64], "considero muito do que eu mesmo fiz como sendo apenas a aceleração das correntes de mudança já existentes no íntimo da pessoa ou da família tratada – as quais, entretanto, necessitam do toque 'inesperado', 'ilógico' e 'súbito' para efetivar-se".

64 ERICKSON, M. H. Apresentação. In: WATZLAWICK, P. *et al.* **Mudança**. São Paulo: Cultrix, 1977. p. 09.

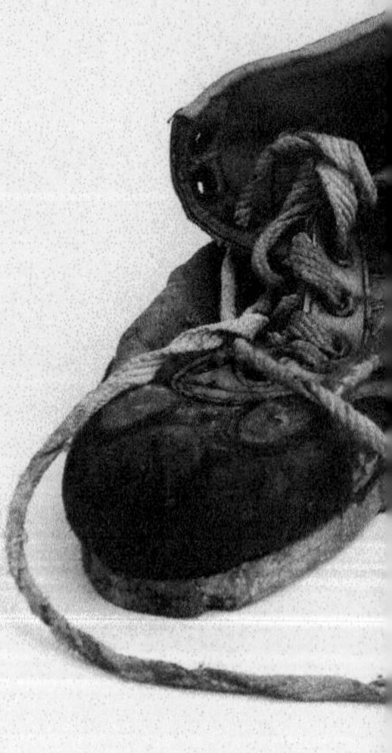

17 Atualizando

Meu contato com Izabel Augusta, após encerrar o processo terapêutico, ocorreu por três vezes.

Em 2000, ela enviou-me uma carta, em resposta ao meu pedido de autorização para editar o livro com os dados da sua terapia comigo.

Cara terapeuta,

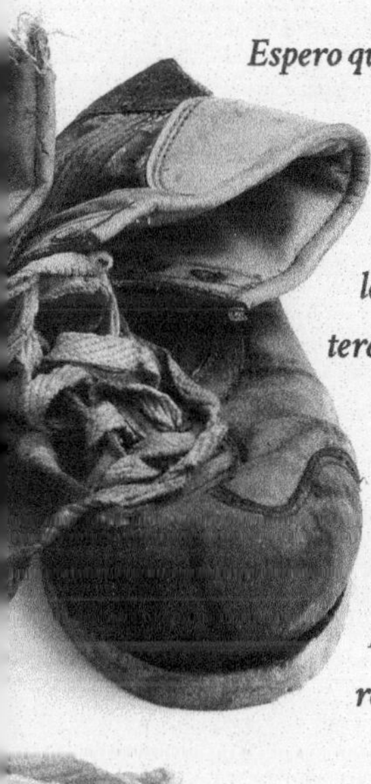

Espero que você esteja bem.

Então, vamos virar livro, é? Depois, quem sabe, um filme...

Claro que autorizo. Nosso trabalho foi muito legal, e acredito que vai ser interessante para outros terapeutas e também para gente como a gente.

Conversei com algumas pessoas da família, e todos estão de acordo. Os trechos em que você maquia nossas identidades ficaram bem legais, pois impede que algum conhecido reconheça. Para nós, não muda o que vivemos e sentimos; reconhecemo-nos em cada parte.

Muito interessante a escolha que você fez para o meu nome. Ficou com a essência, sem me expor. (Se bem que acho meu nome melhor!)

Achei muito interessante rever cada sessão assim à distância. Muitos aspectos mexeram novamente comigo e vão render muita reflexão.

Meu marido (que não é o que aparece nos últimos escritos que lhe enviei) leu e chorou em alguns trechos. Foi muito forte compartilharmos as emoções que a leitura despertou.

A parte dos capítulos em que você explica cada sessão, e as suas estratégias, fez-me sentir esquisita inicialmente, pensando no que você pensava enquanto me atendia. Depois, interessou-me muito e acrescentou reflexões.

Falei que poderia virar um filme porque, conforme eu lia os capítulos, ia enxergando as cenas. Achei que era porque eu tinha vivido aquilo, mas meu marido, que não sabia muito sobre o processo terapêutico da minha família, também comentou que parecia o enredo de um filme. Quem sabe, hein?!

Estou anexando uma autorização formal, apesar de você não ter pedido. Meu marido, advogado(!), fez pesquisas e montou os itens para ficar bom para você e para mim.

Aguardo o livro pronto.

Abraços e, mais uma vez, minha gratidão.

Izabel.

Em 2008, recebi uma mensagem sua por email:

Querida eterna terapeuta,

Estou muito nervosa, coisas acontecendo, e eu queria falar com você.

Estou grávida, feliz e desesperada!

Sabia que faz 10 anos que não nos vemos? Ainda, quando estou em crise, lembro das sessões, de você e faço uma brincadeira de ser eu e de ser você. Assim, sempre descubro saídas.

Porém, agora estou pirando.

Essa gravidez, decidida racionalmente, pegou-me de calça curta! Tenho relembrado muita coisa ruim vivida na minha infância, muitos fantasmas estão vindo à tona, e estou com dificuldade de segurar.

Meu marido (ele é brasileiro e vive aqui desde 1995, casamos em 2005, temos uma relação legal, apesar de ele ser muito, muito, muito racional) não consegue entender muito bem aquilo que digo e sinto. Estou me sentindo muito sozinha. Minha sogra é quem me dá uns colos de vez em quando. Falando na minha sogra, estou rezando que meu filho seja uma menina. Lembrei de coisas que você falou sobre os avós míticos e (como não sei nada do meu pai), sendo menina, a avó mítica será minha sogra que é muito boa pessoa.*

Será que podemos fazer sessões por telefone? Nem que seja só uma...

Responda-me e reze por mim!

* Forma de lidar com as relações intergeracionais na Terapia Relacional Sistêmica. Mais detalhes podem ser vistos no texto *Compreensão Relacional Sistêmica dos Mitos Familiares*, escrito pela autora em 1999 e não publicado.

Beijos desesperados, Izabel. (Você não acredita! Escrevi rapidamente meu nome e, só depois, vi que tinha escrito IA!)

Conversamos três vezes por telefone. Na primeira, ela falou muito das ansiedades, dos fantasmas. Na segunda, disse que ia procurar uma terapeuta lá, que tinha duas indicações, e conversamos mais calmamente sobre seus sentimentos. No terceiro telefonema, disse que estava calma e não estava sentindo mais a necessidade de uma terapeuta. Discutimos algumas questões práticas sobre gravidez, parto e primeiros dias do bebê, e ela ficou de dar notícias.

No final de 2010, quando eu estava estudando a possibilidade de reeditar o livro, ela enviou-me mais uma mensagem.

Oi, Dra.

Estou novamente no olho do furacão...

Acho que você não sabe que meu bebê é um menino, Marco, e está com um ano e seis meses. Depois das nossas conversas, acalmei-me e tive uma gravidez bem tranquila; ele é uma criança adorável.

Há três meses, meu marido morreu. Teve um acidente de carro e morreu na hora. Nos primeiros dias, fiquei lúcida e resolvi todas as questões. Depois, porém, fui ficando numa ansiedade muito intensa e com medo de perder a cabeça. Acima de tudo, eu tinha uma pena muito grande de o meu filho crescer sem pai (além de não ter avô mítico! Ainda me lembro disso...) e coisas do gênero. Fiquei muito mal e acabei indo a um psiquiatra. As consultas com ele, apesar de me lembrarem muito as consultas de antigamente, ajudaram-me a voltar ao prumo.

Hoje, fui à primeira sessão com uma terapeuta. Foi bem legal. Acho que vai me ajudar.

Entretanto, saindo de lá, tive vontade de escrever a você. Queria contar tudo que vivi, pensei e senti desde que a vi pela última vez; porém, ao começar a escrever, achei tudo meio uma grande bobagem!

Então, resolvi escrever para contar que estarei substituindo você na minha vida, seja concretamente, como antes, ou em pensamento, nos anos em que não nos falamos; agora, terei outra pessoa para dar-me os trancos de que eu precisar.

Mais uma vez, obrigada por tudo. Quando eu for aí, vou visitá-la.

Com saudade, Izabel.

Referências

ANDOLFI, M. **A linguagem do encontro terapêutico**. São Paulo: Artes Médicas, 1996.

ANDOLFI, M. **A terapia familiar**. Lisboa: Editorial Vega, 1981.

ANDOLFI, M.; ANGELO, C. **Tempo e mito em psicoterapia familiar**. São Paulo: Artes Médicas, 1989.

ANDOLFI, M. *et al.* **Por trás da máscara familiar**. São Paulo: Artes Médicas, 1984.

BOWEN, M. **De la familia al individuo**. Barcelona: Paidós, 1991.

CARTER, B.; MCGOLDRICK, M. **As mudanças no ciclo de vida familiar**. São Paulo: Artes Médicas, 1995.

DETHLEFSEN, T.; DAHLKE, R. **A doença como caminho**. São Paulo: Cultrix, 1995.

DYCHTWALD, K. **Corpomente**. São Paulo: Summus, 1984.

ERICKSON, M. H. Apresentação. In: WATZLAWICK, P. *et al.* **Mudança**. São Paulo: Cultrix, 1977.

GROISMAN, M. **Família, trama e terapia** – a responsabilidade repartida. Rio de Janeiro: Objetiva, 1991.

GROISMAN. M.; LOBO, M.; CAVOUR, R. **Histórias dramáticas**. Rio de Janeiro: Rosa dos Tempos, 1996.

HAY, L. **Você pode curar sua vida**. São Paulo: Best Seller, 1984.

IMBER-BLACK, E.; ROBERTS, J.; WHITING, R. A. **Rituales terapéuticos y ritos en familia**. Barcelona: Gedisa, 1991.

KEENEY, B. **A improvisação em psicoterapia**. Campinas: Psy II, 1995.

KELEMAN, S. **O corpo diz sua mente**. São Paulo: Summus, 1996.

KESSELMAN, H. **Psicoterapia breve**. Madrid: Fundamentos, 1977.

MINDELL, A. **O corpo onírico nos relacionamentos**. São Paulo: Summus, 1991.

MINUCHIN, S. **Famílias, funcionamento e tratamento**. Porto Alegre: Artes Médicas, 1990.

MINUCHIN, S.; NICHOLS, M. P. **A cura da família**. Porto Alegre: Artes Médicas, 1995.

MINUCHIN, S.; FISHMAN, H. **Técnicas de terapia familiar**. Porto Alegre: Artes Médicas, 1990.

REICH, W. Identidade funcional psicossomática. In: ______. **A função do orgasmo**. São Paulo: Brasiliense, 1981. p. 214-253.

SATIR, V. **Terapia do grupo familiar**. Rio de Janeiro: Francisco Alves, 1977.

SCHUTZ, W. **Profunda simplicidade**. Lisboa: Ágora, 1989.

WATZLAWICK, P. *et al.* **Mudança**. São Paulo: Cultrix, 1977.

WATZLAWICK, P.; BEAVIN, J. H.; JACKSON, D. **Pragmática da comunicação humana**. São Paulo: Cultrix, 1981.

WHITAKER, K; BUMBERRY, W. **Dançando com a família**. São Paulo: Artes Médicas, 1990.

Obras da autora

Pais e Filhos – Uma Relação Delicada

Autora: Solange Maria Rosset

Assunto: Psicologia, relações entre pais e filhos

O Casal Nosso de Cada Dia

Autora: Solange Maria Rosset

Assunto: Tópicos de relações de casal

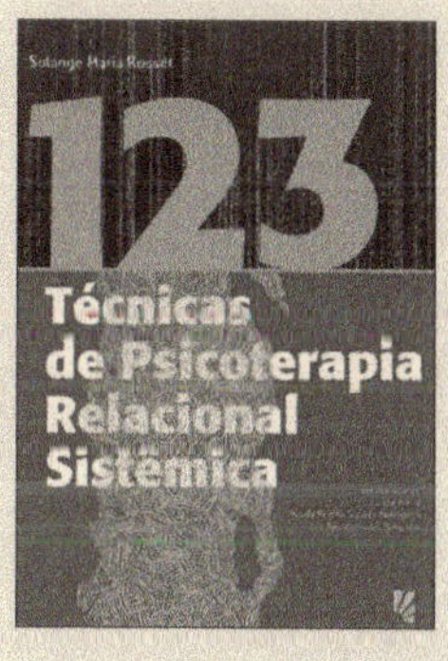

123 Técnicas de Psicoterapia Relacional Sistêmica

Autora: Solange Maria Rosset

Assunto: Terapia Relacional Sistêmica, técnicas psicoterapêuticas

Terapia Relacional Sistêmica

AUTORA: Solange Maria Rosset

ASSUNTO: Terapia Relacional Sistêmica, técnicas psicoterapêuticas

Mais Técnicas de Psicoterapia Relacional Sistêmica

AUTORA: Solange Maria Rosset

ASSUNTO: Terapia Relacional Sistêmica, técnicas psicoterapêuticas Terapia Relacional Sistêmica

Izabel Augusta - A Família Como Caminho

AUTORA: Solange Maria Rosset

ASSUNTO: Terapia e Orintação Familiar

O Terapeuta de Família e de Casal - Competências teóricas, técnicas e pessoais

AUTORA: Solange Maria Rosset

ASSUNTO: Terapia Relacional Sistêmica, ciclos vitais, competências na terapia

Temas de Casal

AUTORA: Solange Maria Rosset

ASSUNTO: Relações humanas e conjugais, psicoterapia familiar

Brigas na Família e no Casal - Aprendendo a brigar de forma elegante e construtiva

AUTORA: Solange Maria Rosset

ASSUNTO: Brigas e emoções, relações familiares

Informações Sobre Eventos

Para contato com a autora e informações sobre Cursos, Palestras e Workshops:
Site: www.srosset.com.br
E-mail: srosset@terra.com.br
Instagram: @vivaconsciente
(41) 3335-5554
Curitiba – PR